KU-586-047

CYNGOR CAERDYDD
`^IL

COF CENEL ___ II
YSGRIFAU AR HANES CYMRU

ACC. No: 02151381

Wyneb-lun: Enghraifft o waith cywrain y copïydd John Jones, Gellilyfdy.

COF CENEDL XVIII

YSGRIFAU AR HANES CYMRU

Golygydd
GERAINT H. JENKINS

Gwasg Gomer

Argraffiad cyntaf – 2003

ISBN 1 84323 196 4

© Gwasg Gomer 2003

Cedwir pob hawl. Ni chaniateir atgynhyrchu unrhyw ran o'r cyhoeddiad
hwn na'i gadw mewn cyfundrefn adferadwy na'i drosglwyddo mewn
unrhyw ddull na thrwy unrhyw gyfrwng electronig, electrostatig, tâp
magnetig, mecanyddol, ffotogopïo, recordio, nac fel arall, heb ganiatâd
ymlaen llaw gan y cyhoeddwyr, Gwasg Gomer, Llandysul.

Dymuna'r cyhoeddwyr gydnabod cymorth
Adrannau Cyngor Llyfrau Cymru.

Argraffwyd gan
Wasg Gomer, Llandysul, Ceredigion

Mae ein Cof fel ogof Iaith, – ond di-sŵn
   Yw'r atseinio hirfaith
   O'i mewn, lle clywem unwaith
   Lenwi'r hollt gan lanw'r iaith.

Alan Llwyd

Yng nghalon cenedl, wedi'r cwbl, y mae cyfrinach eithaf ei llwyddiannau a'i methiannau.

R. Tudur Jones

Y mae'r hanesydd, fel y camera, bob amser yn dweud celwydd.

Norman Davies

Cynnwys

Lluniau

Rhagair

Hyfrydwch mawr yw cael gosod ar glawr y rhifyn hwn ddarlun ysblennydd Ifor Davies, *Yr Ysgrifen ar y Mur II: Bomio Gwledydd Llwm*, un o dri llun trawiadol a gipiodd y Fedal Aur mewn Celfyddyd Gain yn Eisteddfod Genedlaethol Sir Benfro Tyddewi 2002. Fel y gŵyr y cyfarwydd, nid dyma'r tro cyntaf i'r gyfres hon wisgo un o ddarluniau Ifor Davies ar ei chlawr. Cyfansoddwyd y darlun arbennig hwn â malurion, sment a thempera wy ar sachliain, ac fe'i hysbrydolwyd gan eiriau herfeiddiol a baentiwyd mewn llythrennau breision ym 1939 gan yr arlunydd Elis Gwyn ar wal capel Moreia, Llanystumdwy. 'Ymwrthyd Cymru â Rhyfeloedd Lloegr' oedd y neges, a chan fod Ifor Davies o'r farn na ellir gwahanu mytholeg, iaith a hanes oddi wrth faterion cyfoes y mae ei ddarlun yn ysgytiol o amserol. Rwy'n llunio'r rhagair hwn, yn ôl fy arfer, ar Ddydd Gŵyl Owain Glyndŵr, ar adeg pan yw Arlywydd yr Unol Daleithiau a Phrif Weinidog Lloegr yn bygwth ymosod ar Irac, gan beryglu einioes miloedd o Fwslimiaid diniwed heb sôn am filwyr Cymru a dynnir, gellir tybio, i ganol yr heldrin megis ŵyn i'r lladdfa. Erbyn i'r rhifyn hwn weld golau dydd y mae'n ddigon posibl y bydd y Dwyrain Canol yn goelcerth a'r byd i gyd yn arswydo rhag mwy o weithredoedd dialgar. Yn rhifyn cyntaf y gyfres hon dangoswyd fel yr honnai Morgan John Rhys, Cymro a adwaenai America yn dda ac a gladdwyd yno, fod 'cyfiawnder' a 'heddwch' yn annatod glwm: 'Cofia', meddai, 'yr hwn a laddo â chleddyf, a leddir â chleddyf.' Hyd yn oed yn yr oes seciwlar a niwclear hon, nid amherthnasol mo'r alwad ysgrythurol ar arweinwyr y byd i droi'r cleddyf yn swch a'r waywffon yn bladur.

Pwnc arall – llai tyngedfennol efallai ond yr un mor bwysig i'r sawl sy'n ceisio cyfoethogi cof ein pobl – a gafodd gryn sylw yn ystod haf 2002 oedd pôl a drefnwyd gan y BBC.

Gofynnwyd i 30 mil o wylwyr ddethol y can Prydeiniwr neu Brydeinwraig mwyaf yn holl hanes Prydain Fawr. Ar sail y bleidlais, cyhoeddwyd enwau'r cant 'pwysicaf' ym mis Awst. Yr oedd wyth deg saith ohonynt yn ddynion, a deuddeg yn ferched (tri ar ddeg o gynnwys yr Hen Wyddeles), a chan fod y teulu brenhinol yn ymrithio'n boenus o gyson yn y rhestr y mae'n syndod ar un olwg fod cynifer â phedwar Cymro wedi eu cynnwys (Aneurin Bevan, Richard Burton, Owain Glyndŵr a David Lloyd George). Y mae'r ffaith fod David Bowie, Bono, Boy George, Cliff Richard, John Peel a Robbie Williams ymhlith y dethol rai yn dangos yn eglur i ba raddau y tyfodd cwlt yr enwogion diflanedig yn obsesiwn yn ein plith.

Un dull o wrthweithio'r dylanwadau Prydeinig sydd ar gerdded fyddai rhoi mwy o gyfle i haneswyr Cymru i ddadlennu hanes Cymru yn ei amryfal weddau mewn print ac ar ffilm. Aeth ugain mlynedd heibio er pan ddarlledwyd y gyfres gyffrous *The Dragon has Two Tongues* a siawns nad oes erbyn hyn ddigon o bethau newydd i'w dweud am ein gorffennol. Er bod dyn yn croesawu'n frwd y newyddion diweddar fod deuddeg awdur Cymraeg wedi eu comisiynu gan gyhoeddwyr i ysgrifennu llyfrau poblogaidd, y mae'n drueni nad oes yr un hanesydd yn eu plith. Truenus fu'r arlwy hanes a gafwyd gan S4C a'r BBC yn ystod y blynyddoedd diwethaf ac, o ganlyniad, y mae'n rhaid i'r Cymry geisio dygymod â'r math o hanes Prydeinig, ceidwadol a Saesneg ei gyfrwng a gynigir ar y prif sianelau gan Simon Schama a David Starkey, dau hanesydd uchel-ael sy'n tybio mai ôl-nodyn dibwys yn hanes Prydain yw hynt y gwledydd Celtaidd. Ar ôl llunio cyfres ddrudfawr a oedd yn honni bod yn hanes gwledydd Prydain (ond nad oedd mewn gwirionedd yn ddim byd mwy na hanes brenhinoedd a breninesau Lloegr), y mae Schama newydd daro cytundeb newydd am dair miliwn o bunnau a fydd yn caniatáu iddo ysgrifennu tri llyfr a chyflwyno dwy gyfres deledu ar y berthynas hanesyddol, gwleidyddol a llenyddol rhwng Prydain ac America. Gwyn fyd na châi hanes Cymru a haneswyr Cymru gyfle cyffelyb gan gyhoeddwyr a phenaethiaid byd y cyfryngau i gyfoethogi cof eu pobl.

Pleser yw cydnabod fy nyled i nifer o gyfeillion am eu haelioni wrth baratoi'r gyfrol hon ar gyfer y wasg. Diolchaf yn fawr iawn i'r chwe chyfrannwr am ymateb mor gadarnhaol i'm gwŷs. Cyflawnodd Nia Davies wyrthiau wrth brosesu drafftiau golygedig o'u hysgrifau ac y mae arnaf hefyd ddyled drom i Glenys Howells a Dewi Morris Jones am eu cyngor a'u cymorth gwerthfawr. Diolchaf i Bethan Mair am lywio'r rhifyn drwy'r wasg yn dra hwylus ac i'm cyfeillion yng Ngwasg Gomer am ddangos unwaith eto fod graen arbennig ar bopeth a ollyngir o'u dwylo. Fy ngobaith yw y bydd y gyfres hon yn parhau i greu a dyfnhau cariad angerddol ymhlith y Cymry Cymraeg at hanes eu gwlad a'u pobl.

Gŵyl Owain Glyndŵr 2002   *Geraint H. Jenkins*

Y Cyfranwyr

Mr ROBIN EVANS, Pennaeth Cyfadran y Dyniaethau, Ysgol Uwchradd Bodedern

Dr NERYS A. HOWELLS, Cyn-Gymrawd Ymchwil, Canolfan Uwchefrydiau Cymreig a Cheltaidd Prifysgol Cymru

Dr TRYSTAN OWAIN HUGHES, Pennaeth Ysgol Diwinyddiaeth ac Astudiaethau Crefydd, Coleg y Drindod, Caerfyrddin

Ms EMMA LILE, Curadur Cynorthwyol, Amgueddfa Werin Cymru, Sain Ffagan

Dr BRYNLEY F. ROBERTS, Cyn-Lyfrgellydd Llyfrgell Genedlaethol Cymru, Aberystwyth

Dr DANIEL WILLIAMS, Darlithydd, Adran y Saesneg, Prifysgol Cymru Abertawe

Dymuna'r golygydd a'r cyhoeddwyr ddiolch i'r canlynol am ganiatâd i atgynhyrchu'r lluniau hyn:

Amgueddfa Ashmole: Rhifau 7, 8.
Amgueddfa Genedlaethol Cymru: Rhif 21.
Amgueddfa Trefynwy: Rhif 16.
Amgueddfa Werin Cymru: Rhifau 13, 14, 15, 17.
Bibliothèque Nationale: Rhif 2.
Canolfan Uwchefrydiau Cymreig a Cheltaidd Prifysgol Cymru:
    Rhif 12.
Cymdeithas Hanes Lackawanna: Rhif 30.
Gwasanaethau Archifau Gwynedd: Rhifau 23, 24.
Llyfrgell Genedlaethol Cymru: wyneb-lun, Rhifau 1, 3, 4, 5, 6,
    9, 10, 11, 18, 20, 27, 28, 29, 31, 33, 34, 35, 36.
Llyfrgell Houghton, Prifysgol Harvard: Rhifau 25, 26.
M L Wight: Rhif 22.
Menna MacBain: Rhif 32.
Robin Evans: Rhif 19.

GWERFUL MECHAIN YN EI CHYD-DESTUN HANESYDDOL A LLENYDDOL

Yn irder ei blynyddoedd gwelodd hi
Y byd yn dawnsio heibio; ar bob pen
'Roedd coron goch o ros, a'r tresi ffri
Yn sidan esmwyth ar bob mynwes wen;
Yn yr awelon, 'roedd aroglau gwin
A mwsg, a holl bersawredd meddwol hud;
Aeddfedrwydd mil cusanau ar bob min,
Ac ymhob calon holl lawenydd byd.
Cymerodd hithau'i thelyn yn ei llaw,
A chanodd gerdd y dyrfa – haf ei hoes
Ddiferodd iddi, haul a gwlith a glaw, –
Yn gerdd anfarwol feiddgar; yna troes,
A'r deigryn ar ei grudd, oddiwrth y llu,
A cherddodd heb ei chân i'r gwyllnos du.

W. J. Gruffydd

Y Gymraes gyntaf y mae corff sylweddol o'i barddoniaeth wedi goroesi yw Gwerful Mechain (c. 1460–ar ôl 1502), a hanai o Lanfechain ym Maldwyn. Priodolwyd mwy o farddoniaeth iddi hi nag i'r un ferch arall yn ystod yr Oesoedd Canol, ac y mae ei chywyddau a'i henglynion yn brawf ei bod hi'n bosibl i ferch ganu ar y mesurau caeth. Un englyn yn unig o waith Gwenllïan ferch Rhirid Flaidd, sef y bardd benywaidd cynharaf sy'n hysbys, sydd wedi ei gadw yn y llawysgrifau, ac y mae cryn amheuaeth ynghylch dilysrwydd y cerddi a briodolir i Gwerful Fychan, gwraig Tudur Penllyn. Cymysglyd ac ansicr yw'r dystiolaeth am farddoniaeth dybiedig tair merch y bardd Gruffudd ab Ieuan ap Llywelyn Fychan yn yr unfed ganrif ar bymtheg, sef Alis, Catrin a Gwenhwyfar, yn ogystal. Tua diwedd yr ail ganrif ar bymtheg bu Malen ac Ann, sef merched y carolwr Dafydd Manuel o'r Byrdir, Trefeglwys, yn barddoni, a gwyddom fod y brydyddes Siân ach Ifan, merch o Lanfair Caereinion, yn bresennol mewn eisteddfod a gynhaliwyd yn Y Bala adeg y Sulgwyn 1738. Fodd bynnag, pwysleisia Ceridwen Lloyd-Morgan wrth drafod y traddodiad barddol benywaidd yng Nghymru'r Oesoedd Canol a thu hwnt mai prin yw'r farddoniaeth gan ferched sydd wedi goroesi yn y llawysgrifau. Ar sail y dystiolaeth a ddaeth i'r golwg hyd yn hyn, yr oedd Gwerful Mechain a'i barddoniaeth yn hynod eithriadol. At hynny, rhaid ystyried y posibilrwydd mai cyfran fechan yn unig o'i gwaith a gofnodwyd ac a ddiogelwyd yn y llawysgrifau. Ymddengys fod Dafydd Jones o Drefriw hefyd yn ymwybodol o arbenigrwydd Gwerful Mechain fel bardd; cyfeiria ati yn ei englynion coffa i Angharad James:

> Angharad gariad ddi-gweryl, ddistaw
> Dda ystŷr fwyn Annwyl
> Ai gyrfa megis Gwerfyl
> Un wedd a hi 'nhuedd hwyl.

1 Darlun o Eglwys Garmon, Llanfechain, gan John Ingleby.

Y mae'n amlwg fod cymharu gyrfa Angharad James ag eiddo Gwerful Mechain yn cael ei gyfrif yn gryn ganmoliaeth. Atgyfnerthu'r dyb honno a wna'r nodyn a ddigwydd yn llawysgrif LlGC 11993A, 66, wrth ymyl y cyfeiriad at Gwerful, sef 'Gwerfyl ferch Howel Fychan prydyddes odiaeth oedd'.

Er y dengys barddoniaeth Gwerful Mechain ei bod yn wraig ddeallus ac annibynnol, ni chadwyd unrhyw wybodaeth am ei haddysg farddol nac am ei statws fel bardd amatur. Ni wyddys a oedd hi'n llythrennog ai peidio nac i ba raddau y câi ei derbyn gan ei chyfoedion gwrywaidd. Rhaid dibynnu'n helaeth iawn ar dystiolaeth y farddoniaeth wrth geisio casglu gwybodaeth amdani. Mewn ymgais i ganfod beth a ddylanwadodd arni ac a fu o bosibl yn gyfrifol am ysgogi ei gweithgarwch barddonol, fe dâl i ni ystyried rhai ffactorau neu rymoedd a oedd ar waith yn y gymdeithas y pryd hwnnw.

Ym 1612 honnodd Marie de Gournay yn *L'égalité des hommes et des femmes* mai magwraeth yn hytrach na natur a bennai alluoedd gwragedd. Wrth eu hamddiffyn a cheisio esbonio'r rhesymau a oedd i gyfrif am eu llwyddiant deallusol mewn rhai diwylliannau arbennig, pwysleisiodd de Gournay bwysigrwydd y rhyddid a brofid gan wragedd yn sgil y *commerce du monde* a nodweddai rai dinasoedd a threfi arbennig.

Er nad oedd yr un dref, heb sôn am ddinas, yng Nghymru y gellid ei chymharu â Lyon, dyweder, neu Fenis, ni ddylid diystyru dylanwad bwrdeistref Croesoswallt ar drigolion y Canolbarth yn ystod yr Oesoedd Canol. Er ei bod yn wreiddiol yn ganolfan filwrol ac yn symbol o'r goncwest, yr hyn a nodweddai'r gymuned drefol hon oedd cymathiad yn hytrach na gwrthdrawiad. Yr oedd yn enghraifft brin iawn ymhlith cymunedau trefol Cymru'r Oesoedd Canol a'r Gororau o'r modd y gallai diwylliant y wlad a'r dref ymdoddi i'w gilydd ac o barodrwydd Cymry a Saeson i gyd-fyw yn heddychlon. Ymddengys fod trefi'r Gororau wedi bod yn fwy parod i groesawu ymsefydlwyr o Gymry i'w mysg na bwrdeistrefi garsiwn y gogledd-orllewin a pharhâi'r ffaith honno'n wir yn ystod y bymthegfed ganrif. Erbyn diwedd y ganrif honno yr oedd Croesoswallt i bob pwrpas yn dref Gymreig.

Yr oedd hefyd yn ganolfan fasnach nodedig a'i diwydiant gwlân yn hynod bwysig i'w heconomi. Yn ogystal â chynnal swyddi i fasnachwyr y dref, gallai poblogaeth y gymuned wledig gyfagos ac ar draws y Canolbarth ychwanegu at eu henillion drwy nyddu a phannu gwlân. Yn sgil y prif ddiwydiant hwnnw datblygodd cysylltiadau masnachol sefydlog rhwng masnachwyr gwlân y dref ac ardaloedd magu defaid yng nghanolbarth Cymru ar y naill law, a masnachwyr o Amwythig, Llwydlo, Bryste a Llundain, ar y llaw arall. Câi rhywfaint o wlân a deunydd ei gludo dramor wedyn i Iwerddon a rhai o wledydd Ewrop, megis Ffrainc, Sbaen a Phortiwgal. Yn y cyswllt hwn rhaid cofio bod gan ferched hefyd ran weithredol bwysig ym myd busnes a masnach y diwydiant gwlân yn yr Oesoedd Canol, fel y tystia'r 'Wife of Bath' gan Chaucer. Sylwer bod ymwneud rhai merched â'r maes arbennig hwnnw yn awgrymu iddynt dderbyn rhyw gymaint o addysg, gan fod llythrennedd yn rhaganghenraid i fasnachwyr. Felly, er nad oedd rhaid i'r merched a oedd yn nyddu neu'n cardio gwlân fod yn llythrennog, y mae'n bur debygol fod hynny'n ofynnol i'r merched a oedd yn ymwneud â'r gwaith o'i farchnata. At hynny, erbyn diwedd y bymthegfed ganrif, os nad ynghynt, ceir tystiolaeth o lythrennedd ymarferol ymhlith lleygwyr yn ogystal.

Dylanwadai ffermio yn drwm ar natur tref Croesoswallt hefyd. Yn sgil y farchnad anifeiliaid datblygodd yn ganolfan hanfodol bwysig a glymai economi ucheldiroedd Cymru â gwastadoedd bras Lloegr. Denai'r farchnad honno nifer helaeth o bobl o'r ddwy ochr i'r ffin i'r dref i fasnachu. Yn sgil y marchnadoedd a'r ffeiriau prysur, lle y gwerthid brethyn, defaid a gwartheg, ffurfiwyd dolen gyswllt gadarn rhwng mynydd-dir Cymru ac iseldiroedd ffrwythlon dros y ffin yn Lloegr. Yr oedd y pris uchel a delid am gnu defaid yn ystod y bymthegfed ganrif yn gymhelliad sylweddol i ffermwyr i gadw rhagor o ddefaid, gan fuddsoddi eu henillion yn y diwydiant gwlân. Yr oedd amryw o feirdd y bymthegfed ganrif, megis Tudur Penllyn, Guto'r Glyn a Llywelyn ap Gutun, yn borthmyn defaid. Yn yr ymryson bywiog rhwng Tudur Penllyn a Guto'r Glyn ynglŷn â phorthmona defaid edrydd Guto am yr holl helyntion a thrychinebau a ddaethai i'w ran ac fel y collasai ddefaid person Corwen. Ceir hefyd ymryson barddol rhwng Dafydd Llwyd o Fathafarn a Llywelyn ap Gutun ynglŷn â chymhortha defaid. Egyr Dafydd yr ymryson trwy ddisgrifio sut yr oedd Llywelyn yn ceinioca, wyna, defeitia ac arianna drwy'r holl wlad:

O Geri 'dd aeth i Gaerddydd,
O Lan Dyfi i Lwyndafydd,
O Gaerwedros dan grwydraw
I Enau'r Glyn ar y glaw.
O Fachynllaith dug daith deg
I Gowres a Thre'r-Garreg;
O Gaersŵs i Groes Oswallt,
O dir y Rhos i'r dŵr hallt.

At hynny, canodd Dafydd Llwyd o Fathafarn gywydd ymryson arall ar destun cymhortha defaid yn ateb cywydd Syr Rhys o Garno. Ymddengys fod y beirdd amatur yn gyfarwydd â theithio oherwydd ceir tystiolaeth yn y farddoniaeth fod ganddynt gysylltiadau daearyddol eang. Dengys cywydd moliant Syr Siôn Leiaf i Rhisiart Cyffin Deon Bangor y bu gan Gwerful Mechain, Hywel Grythor a Guto'r Glyn gysylltiad â llys Rhisiart Cyffin yn y gogledd.

Canodd Guto'r Glyn, Tudur Aled, Lewys Glyn Cothi a Siôn Ceri gywyddau yn moli tref Croesoswallt, gan gyfeirio

ati fel canolfan ?   ?. Mor gynnar â dechrau'r bymthegfed
ganrif (rhwng *c.* 1404 a 1408) sefydlwyd ysgol ramadeg yno
gan David Holbach a oedd yn gyfreithiwr blaenllaw ac yn
dirfeddiannwr lleol. Fel y dengys gwaith y pedwar bardd
hyn, datblygodd y gymhariaeth rhwng Croesoswallt a
Llundain yn dopos yn y farddoniaeth. Yn ôl Guto'r Glyn,
Croesoswallt oedd Llundain Cymru ac yr oedd ei siopau yn
atyniad llawn cystal â'r rheini a welid yn Cheapside:

> Llundain gwlad Owain a'i dir
> Llawndai gwin a pherllandir.

Yn yr un modd canodd Lewys Glyn Cothi:

> Llundain, o dderw ugain allt,
> wtreswyr yw tre Oswallt.

Ac, yn ôl Tudur Aled, yr oedd y dref yn lle hwylus i feirdd:

> Gardd Oswallt, gaer ddewiswerdd,
> Goreu 'r aeth gair gwŷr wrth gerdd;
> Guto, dug yno gannwyl,
> Ag i'w tai 'r ai Guto,'r ŵyl;
> Awn i ddwyn, awen ddynion,
> Aur, dra fo hael, i'r dref hon!

Yn sgil datblygiadau sylweddol ym myd masnach,
datblygiadau a gydredai â gofynion cynyddol y gymdeithas
am safon byw uwch, tueddai trefi'r Gororau, megis
Croesoswallt, i fanteisio'n arbennig ar y twf newydd
hwnnw. Oherwydd y galw cynyddol am foethau a nwyddau
mwy egsotig megis sbeisys, gwinoedd arbennig a dillad
ysblennydd, yn ogystal ag am nwyddau hanfodol megis
cŵyr a haearn a fewnforid o Sbaen neu'r Baltig, câi
disgwyliadau newydd a chwaeth yr oes ddylanwad
uniongyrchol ar ffyniant y trefi a'u marchnadoedd.
Darlunnir dylanwad ac ymateb y gymdeithas i'r

datblygiadau egnïol hyn ym marddonia _ y beirdd cyfoes.
Er enghraifft, yr oedd Siôn Mechain, person Llandrinio, yn
dirfeddiannwr ac yn fasnachwr defaid mor llwyddiannus fel
y gallai noddi'r beirdd yn hael. Yn ôl Guto'r Glyn:

> Pan fo rhif neu gyfrif gwŷr,
> Pwy yw Oswallt Powyswyr?
> Person ni chêl pwrs na chost,
> Pwy ond efô'r paun difost?

Dengys y farddoniaeth fod beirdd y cyfnod yn hen gynefin
â theithio cyn belled â'r Gororau a'r tu hwnt i'r ffin. Canodd
Dafydd Llwyd o Fathafarn gywydd masweddus yn adrodd
sut y daliodd glefyd gwenerol yn Llwydlo pan oedd ar ei
ffordd i ymweld â'r brenin yn Llundain. Yng nghywydd
Ieuan Brydydd Hir i 'Elen deg o Landaf' sonnir am helyntion
Tudur Penllyn yng Nghaerdydd a'r modd y bu i Tudur
ddwyn ei gariad. Gwyddom fod Croesoswallt yn gryn
atyniad i feirdd y Canolbarth oherwydd câi syniadau a
ffasiynau'r oes, yn ogystal â nwyddau materol, eu cyfnewid
yno. Fel y gwelir, adlewyrchid hyn ym mawl y beirdd.

Y mae'n werth cofio bod ardal Mechain o fewn tua deng
milltir i Groesoswallt, a gallwn fod yn sicr fod Gwerful
Mechain yn gyfarwydd iawn â'r dref, fel y byddai eraill o'r
ardal yn y canrifoedd dilynol. Hanai Rhys Cain (m. 1614) a'i
fab Siôn Cain (bl. c. 1575–1650) yn wreiddiol o ardal
Llanfechain, sef bro Gwerful Mechain. Cymerodd Rhys
Cain ei enw barddol oddi wrth afon Cain ym Mechain Is
Coed, ond treuliodd y rhan helaethaf o'i oes yng
Nghroesoswallt ac yno y'i claddwyd. Y mae ymwneud y
ddau fardd hyn o ardal Mechain â thref Croesoswallt yn
dangos, efallai, apêl y bywyd trefol i drigolion ardaloedd
gwledig cyfagos. Wrth nodi cysylltiadau posibl Gwerful
Mechain â thref Croesoswallt, y mae'n werth crybwyll i'w
merch Mawd, yn ôl tystiolaeth yr achau, briodi gŵr o'r enw
Roger Draper. Oherwydd arwyddocâd y cyfenw 'Draper'

gellir cynnig bod gan y mab yng nghyfraith gysylltiad â'r diwydiant gwlân neu ei fod yn fasnachwr gwlân, yng Nghroesoswallt o bosibl, er nad oes sicrwydd o hynny. Byddai cysylltiad priodasol o'r fath, yn ddamcaniaethol, yn creu dolen gyswllt gadarn ar gyfer Gwerful a'i theulu rhwng ardal Mechain a Chroesoswallt, gan gryfhau ac amlhau cysylltiadau'r bardd â'r dref honno.

Yn yr un modd, yn y ganrif flaenorol ceir cyfeiriadau niferus at ymwneud Dafydd ap Gwilym â threfi megis Aberystwyth. Câi'r bardd gwmni bwrdeisiaid a masnachwyr teithiol wrth ymweld â thafarnau a ffeiriau yn yr amrywiol drefi, a bu'r gwmnïaeth gymysg hon yn ddylanwad pwysig ar ei waith. Cafodd hosanau a medlai yn anrheg gan Elen Nordd, sef gwraig Robin Nordd (Robert le Northern), marsiandïwr gwlân ac un o fwrdeisiaid Aberystwyth:

> Ni chymer hon, wiwdon wedd,
> Gerdd yn rhad, gwrdd anrhydedd.
> Hawdd ym gael, gafael gyfa,
> Haws no dim, hosanau da;
> Ac os caf, liw gwynnaf gwawn,
> Fedlai, hi a'm gwna'n fodlawn.

Disgrifir Robin Nordd gan y bardd fel marsiandïwr moel a chefngrwm, a darlun digon deifiol a dychanol a geir o'i wraig Elen, y wraig 'â'r lediaith lud', hefyd. Cyfeirir ati mewn modd digon gwawdlyd fel 'Brenhines, arglwyddes gwlân', a thynnir sylw at ei barusrwydd a'i hariangarwch. At hynny, awgrymir bod y Saesnes hon wedi camddeall y gyfundrefn nawdd yn ddybryd: noda'r bardd yn goeglyd y credai hon fod 'hosanau da' yn dâl anrhydeddus am gerdd!

Wrth drafod ymwneud Dafydd ap Gwilym â Cheredigion a'r dylanwadau posibl ar ei waith, dywedodd D. J. Bowen:

> Cyn belled ag y mae a fynnom â dylanwadau o'r Cyfandir,
> digon dweud i'r goncwest Eingl-Normanaidd gyrraedd y

sir hon yn ei thro, ac yr oedd tafarnau bwrdeistrefi fel
Aberteifi ac Aberystwyth yn amlwg yn fannau lle gallai
Cymro ymgynefino â chaneuon estron . . .

Nodwyd droeon gan ysgolheigion na ddylid bychanu
dylanwad y bwrdeistrefi cosmopolitanaidd ar yrfa farddol
Dafydd ap Gwilym. Gwyddom i fywyd y dref a'r caneuon
tafarn a glywodd ddylanwadu ar ei waith a'i ysbarduno i ganu
mathau newydd o gerddi. Gallai'r dylanwadau hynny fod yn
gyfrifol am ysgogi natur arbrofol y bardd ac am gyfrannu at
newydd-deb ei ieithwedd a'i ddewis o themâu, gan ddwyn i'w
farddoniaeth elfennau newydd a adlewyrchai'r grym newydd
a ddatblygodd yng nghymdeithas y bwrdeistrefi a chwaeth
wahanol y gynulleidfa.

Felly, os dylanwadodd bwrdeistref fel Aberystwyth ar
Ddafydd ap Gwilym yn y bedwaredd ganrif ar ddeg, y mae'n
deg awgrymu y gallai miri a berw diwylliannol tref
Croesoswallt fod wedi dylanwadu rhywfaint ar Gwerful
Mechain ganrif yn ddiweddarach. Fel yn achos Dafydd ap
Gwilym, efallai fod Gwerful hithau wedi dod i gysylltiad â
dylanwadau estron a chyfandirol wrth ymweld â
Chroesoswallt, yn ogystal â chael cyfle i droi yn yr un
cylchoedd â'r beirdd Cymraeg eraill a oedd yn amlwg yn
cyrchu i'r dref. Gellir hefyd awgrymu'n betrus mai mewn
tref fel Croesoswallt, lle'r oedd merched yn cymryd rhan
flaenllaw ym myd masnach, y canfu Gwerful y rhyddid a'r
hyder i fentro barddoni, gan arbrofi â themâu a lleisio
safbwynt benywaidd croyw. Yn y dref honno, o bosibl, y
gwelodd Gwerful ferched annibynnol eu natur yn cyfrannu i
fyd masnach dan yr un amodau â dynion. Ai rhy fentrus
fyddai tybio y gallai awyrgylch o'r fath weithredu fel
ysgogiad i ferched gynhyrchu barddoniaeth? At hynny, gellir
tybio y byddai'r fath amgylchedd yn cynnig cynulleidfa
gymysg a fyddai'n gwerthfawrogi clywed caneuon a
barddoniaeth arbrofol a oedd yn torri tir newydd, gan

2 Y *joglar* neu'r *joglaresa* fenywaidd.

adlewyrchu eangfrydedd a datblygiad cymdeithas drefol mewn oes o dwf a chynnydd. Anodd dod i unrhyw gasgliad pendant ar sail yr wybodaeth sydd gennym, ond o leiaf y mae'n werth ystyried dylanwad posibl y bywyd trefol wrth geisio rhoi cyfrif am yrfa farddol Gwerful Mechain, a hynny'n ogystal ag ystyried dylanwadau'r cylchoedd barddol yn y Canolbarth.

Trown yn awr at gefndir cymdeithasol ac addysgol Gwerful. Yn wahanol i'r trwbadwriaid ym Mhrofens, a ddeilliai o haenau cymdeithasol amrywiol, ymddengys fod y *trobairitz*, sef y beirdd benywaidd, yn gyfyngedig i'r bendefigaeth. Y mae hyn yn wir am wledydd eraill hefyd. Fel y dengys yr achau, yr oedd Gwerful Mechain yn perthyn i'r uchelwriaeth. Gwyddys bod y bardd Mary Wroth, a gyfansoddai yn Lloegr yn ystod hanner cyntaf yr ail ganrif ar bymtheg, yn perthyn i'r bendefigaeth Seisnig a bod Isabella Whitney (bl. 1567–75) yn ferch i deulu bonheddig o Gaerlleon. Yr oedd Florencia Pinar, bardd serch o Sbaen a oedd yn ei blodau ar ddiwedd y bymthegfed ganrif, yn amlwg yn wraig ddysgedig ac, fel y bardd Pernette du Guillet (*c.* 1520–45) o Lyon, rhaid ei bod yn perthyn i deulu a oedd yn ddigon breintiedig i gynnig addysg dda i'w merch.

Wrth drafod y sefyllfa yng Nghymru yn ystod yr Oesoedd Canol nododd Dafydd Johnston fod 'merched mewn rhai teuluoedd diwylliedig yn dysgu barddoni fel eu brodyr'. Yn Iwerddon, ar y llaw arall, awgrymir gan Fergus Kelly:

> ... a woman could be recognised as a fully-fledged poet, though it must have been regarded as unusual. It is probable that the admission of a woman into the poetic class occurred mainly when a poet had no sons, and a daughter showed some aptitude for the profession ... it would seem that most women who composed verse were not legally recognised poets, but satirists who used verse for malicious purposes ...

Er nad oes unrhyw dystiolaeth i Gwerful Mechain dderbyn hyfforddiant mewn cerdd dafod gan aelodau o'i theulu, gwyddys eu bod yn ddigon da eu byd i fod wedi cynnig addysg iddi. Byddai o leiaf wedi cael cyfle i glywed barddoniaeth ar aelwydydd ei thylwyth. Digon bylchog ac anghyflawn yw'r wybodaeth am gyraeddiadau addysgol merched yn ystod y bymthegfed ganrif, ond ceir rhai cyfeiriadau at ddysg a doethineb yn y farddoniaeth. Yn ei gywydd 'Marwnad Gwenllian ferch Rys', dywed Lewys Glyn Cothi:

Addwyn oedd y winwydden
a da o ddysg ydoedd Wen;
da ddoe a hael ydoedd hi,
doeth oedd, fy mendith iddi.

Wrth farwnadu Gwladus ferch Syr Dafydd Gam, meddai:

Marsia gynt, Gymräes gall,
ar ddwyiaith a rôi ddeall.

Mewn cywydd 'I ofyn gwely gan bedair gwraig', sef Gwenllian ferch Owain Glyndŵr, Efa ferch Lywelyn, Mallt ferch Ieuan Fychan ac Elen ferch Ruffudd Goch, dywed Lewys drachefn:

Wrth y rhain o Werthrynion
y dysg mil hyd Wysg a Môn.

Ac yn ei gywydd 'Marwnad Gweurful ferch Fadog' o Abertanad molir Gweurful gan Lewys fel:

Athrawes rhom a Throea
oedd â dysg i'r gwragedd da.
Anaml wedy ei eni
ar ei hôl o'i chyfryw hi.

Y mae'n anodd gwybod ai confensiwn llenyddol a geir yn y
dyfyniadau uchod neu adlewyrchiad o wir ddysg y merched
hynny. Ni wyddom ychwaith a oedd 'dysg' y merched hyn
yn y bymthegfed ganrif yn ddibynnol ar lythrennedd ai
peidio. Y mae cyfeiriadau Dafydd Nanmor yn ei gywydd
'Cyffes y Bardd' yn awgrymu'n gryf fod ei gariad ef, sef
Gwen o'r Ddôl, yn wraig lythrennog:

> Ysgrivenv â du yn dec
> Gair mwyn ar gwr i manec.
> Ni thorrais vn llythyrenn
> O bin ag ingk heb ennw Gwen ...
> Danvonwn o'r memrwn mav
> Lwyth eryr o lythyrrav,
> J geissio yn negessol
> Vn awr dda ar Wenn o'r Ddôl.

Ni wyddom i sicrwydd am allu Gwerful Mechain i ddarllen
nac i ysgrifennu, ond y mae'r dyfyniad isod o waith Dafydd
Llwyd o Fathafarn yn awgrymog:

> Gollwng, perhôn a'i golli,
> A wnaf latai i'th dai di,
> Ar draws llif, ac ysgrifen,
> Brynhawn hwyr fal brân Noe hen.

Rhaid cofio, serch hynny, nad oedd llythrennedd yn
dyngedfennol bwysig ym myd barddoniaeth gan mai crefft
lafar ydoedd i raddau helaeth iawn o ran ei chyfansoddi a'i
throsglwyddo. Fel y nododd Ceridwen Lloyd-Morgan:

> O edrych ar ein ffynonellau brodorol, gelwn mai ildio
> i ragdybiaeth ansicr iawn fyddai mynnu mai mynd ar
> goll a wnaeth pob gronyn bron o wybodaeth eiriol neu
> weledol am ferched fel darllenwyr, copïwyr, noddwyr,
> ac yn y blaen, yng Nghymru'r Oesoedd Canol. Dengys
> hanes y canrifoedd diweddarach, lle y ceir mwy o

wybodaeth ar glawr am amgylchiadau bywyd merched,
nad oedd testun ysgrifenedig yn *sine qua non* i feirdd
benywaidd, nac i'w cynulleidfa chwaith. Wrth
ailddarganfod hanes ein diwylliant ni fel merched o
Gymry Cymraeg, ac yn enwedig hanes ein llenyddiaeth,
camgymeriad mawr fyddai inni dderbyn yn ddifeddwl
fod llenyddiaeth a'r gair ysgrifenedig yn bartneriaid na
ellid mo'u gwahanu. Camgymeriad gwaeth fyth fyddai
rhagdybio na ellid cael llenyddiaeth fawr, aruchel, heb i
honno gael ei chofnodi ar bapur neu femrwn. Nid yw'r
ffaith fod merched yn yr Oesoedd Canol heb lawer o
lyfrau yn golygu nad oedd ganddynt ddiwylliant geiriol
datblygedig iawn, diwylliant y gallem ninnau
ymhyfrydu ynddo. Nid oes raid i'r llenor fod yn
llythrennog.

Yn ystod yr Oesoedd Canol yr oedd merched dysgedig yn
gyfystyr i raddau helaeth â merched bonheddig a oedd yn
perthyn i'r bendefigaeth a theuluoedd diwylliedig neu â
lleianod (o'r un dosbarth, fel arfer). Ar y llaw arall, o droi yn
ôl at y sefyllfa yn Lyon, oherwydd yr amodau economaidd a
chymdeithasol arbennig a oedd yn caniatáu rhyw fath o
ymreolaeth i'r ddinas, ymddengys fod y ffin rhwng
dosbarthiadau cymdeithasol yn ansefydlog iawn.
Ymddyrchafodd tad Louise Labé (bardd a ganai yn Lyon yn
ystod yr unfed ganrif ar bymtheg) yn gymdeithasol o fod yn
rhaffwr cyffredin i fod yn ŵr cefnog a dylanwadol. Fel arfer
dymunai pobl a oedd wedi profi mudoledd cymdeithasol o'r
fath addysgu a hyfforddi eu gwragedd a'u merched. Gallai'r
bourgeoisie hawlio moethau diwylliannol, breintiau a oedd
yn draddodiadol yn neilltuedig i'r bendefigaeth. Yn sgil
gofynion y *marchand écrivain* am ddysg a diwylliant,
datblygodd llythrennedd yn amod hanfodol i'w chwennych
gan y dosbarth hwnnw.
      Ymddengys i ddwy Ffrances, Christine de Pizan (c.
1364–c. 1431), a oedd yn fardd ac ysgolhaig o fri, a Catherine

des Roches (1542–87), bardd yn Poitiers, fod yn ddigon ffodus i gael addysg dda. Serch hynny, yn sgil cyni economaidd a ddaeth i'w rhan yn ddiweddarach, gorfodwyd y ddwy wraig fonheddig hyn i ymgymryd â gyrfa fel cyfansoddwyr proffesiynol er mwyn ennill bywoliaeth.

Dosbarth arall o wragedd a wnaeth yn fawr o'u dysg a'u diwylliant oedd y *courtisanes*. Ceir ar glawr farddoniaeth gan dair *courtisane* o Fenis yn ystod yr unfed ganrif ar bymtheg, sef Veronica Franco (1546–91), Gaspara Stampa (1523–54) a Tullia d'Aragona (*c.* 1508–56). Yn y cyfnod hwnnw yr oedd Fenis yn ddinas fasnachol flaengar a ddenai bob math o deithwyr, gwŷr busnes ac ymwelwyr. At hynny, hon oedd yr unig ddinas yn yr Eidal a lwyddodd i gadw ei hannibyniaeth rhag awdurdod y Pab yn ystod yr unfed ganrif ar bymtheg. Yr oedd *courtisanes* Fenis yn ddosbarth o wragedd annibynnol ac uchelgeisiol a oedd yn barod i fanteisio ac i elwa ar gynnydd, prysurdeb a natur ryddfrydig y ddinas. Fel y rhan fwyaf o *courtisanes*, dilynodd Veronica Franco a Tullia d'Aragona gamre gyrfaol eu mamau. Cafodd Veronica Franco a Gaspara Stampa fynediad i'r *ridotti*, sef y salonau llenyddol yn Fenis. Derbynnid unigolion i'r cylchoedd llenyddol tra dethol hyn ar sail eu crebwyll a'u dysg yn hytrach na'u statws cymdeithasol. Er nad oedd Tullia d'Aragona yn aelod o'r *ridotti*, datblygodd hithau rwydwaith o gysylltiadau â phendefigion yn Fenis er mwyn hybu ei gyrfa farddol a'i gyrfa fel *courtisane*. Yr oedd yr holl ymwthio ac ymrwbio a ddigwyddai ymhlith y bendefigaeth yn ffordd rwydd o hyrwyddo eu gyrfaoedd. Yr oedd disgwyl i'r gwragedd hyn fod yn ddiwylliedig, gan ddifyrru trwy farddoni.

Yn ogystal â gwerthfawrogi pwysigrwydd addysg a chefndir cymdeithasol i yrfa bardd, ni ddylid anwybyddu dylanwad allweddol y cylchoedd llenyddol. Wrth ystyried barddoniaeth y gwragedd a gyfansoddai yn ystod yr Oesoedd Canol ymddengys fod un ffactor yn gyffredin i'r rhan fwyaf ohonynt, sef eu cysylltiadau â chylch neu salon lenyddol. Fel y gwelwyd uchod, enillodd Veronica Franco a Gaspara Stampa enwogrwydd yn salonau llenyddol Fenis. Yn yr un modd yr oedd salonau llenyddol Lyon yn ffactor hynod bwysig yng ngyrfa farddol Louise Labé (c. 1520–66) a Pernette du Guillet (c. 1520–45). Bu Catherine des Roches a'i mam yn gyfrifol am gynnal salon lenyddol yn Poitiers. Wrth drafod barddoniaeth Mary Wroth, awgrymodd Germaine Greer ei bod wedi cael magwrfa lenyddol yn sgil dylanwad ei modryb, Mary Herbert, iarlles Penfro. Er bod dylanwad y salon lenyddol ar yrfa farddol Catherine des Roches yn amlwg yn bwysig, bu dylanwad ac esiampl ei mam yn hynod bwysig hefyd. Ymddengys y câi mam Catherine, sef Madeleine Neveu, ei chomisiynu i gyfansoddi barddoniaeth, ac ymdrechai'r ddwy yn ddiwyd i roi cyhoeddusrwydd i'w cyfansoddiadau. Yn ogystal, defnyddiai'r fam a'r ferch eu cartref fel salon lenyddol.

Yr oedd gan Isabella Whitney, ysgrifenwraig broffesiynol yn Llundain yn ystod canol y 1570au, frawd a gyfansoddai hefyd. Gellir cynnig nad cyd-ddigwyddiad syml o ran diddordeb a oedd rhwng y brawd a'r chwaer hyn ond, yn hytrach, enghraifft arall efallai o gydweithrediad proffesiynol. Yn achos y Sbaenes Florencia Pinar, derbynnir yn gyffredinol mai ei brawd oedd y 'Pinar' a oedd yn gyfrifol am nifer o'r esboniadau a'r deongliadau yn y *cancioneros*. Efallai hefyd fod arwyddocâd i'r ffaith fod y 'Pinar' hwnnw wedi llunio sylwadau ar un o gerddi Florencia Pinar yn y *cancioneros*.

Yn achos y *trobairitz* ym Mhrofens rai canrifoedd ynghynt, y mae'n bwysig cofio am eu cysylltiadau hwy â'r trwbadwriaid, pa un a oeddynt yn gyfeillion, yn wragedd, yn chwiorydd neu'n noddwragedd iddynt. Fel y dywed Meg Bogin am y *trobairitz*:

> There is little doubt that all of them knew male troubadours and lived among them. Tibors was a sister of the brilliant troubadour Raimbaut d'Orange; Maria

de Ventadorn married into a long line of viscount-troubadours named Ebles. Guillelma de Rosers, Alamanda and Isabella exchanged *tensons* with Lanfrancs Cigala, Guiraut de Bornelh and Elias Cairel, respectively. Almost a third of them at least – Clara d'Anduza, Almucs de Castelnau, Tibors, Maria and Garsenda – were patrons. Their lives spanned the full development of courtly poetry, from its first flourishing to its decline; and they lived in the centers where the art was practiced and refined.

Y mae pwysigrwydd y 'gymuned lenyddol' i'w weld hefyd yn y corff hynod bwysig o lenyddiaeth ddiwinyddol, gyfriniol a defosiynol a gyfansoddwyd gan y cylch a adwaenir fel gwragedd Helfta. Sefydlwyd lleiandy Helfta, a oedd yn ganolfan ragorol o ddysg a duwioldeb, yn yr Almaen ym 1229. Y gwragedd mwyaf adnabyddus a gysylltir â'r lle yw Mechthild o Magdeburg, Gertrude Fawr a Mechthild o Hackeborn. Er bod Gertrude a Mechthild o Hackeborn yn gyndyn i ysgrifennu dim am eu gweledigaethau ar y dechrau, câi eu profiadau cyfriniol eu cofnodi wrth iddynt gefnogi ei gilydd a derbyn anogaeth y chwaeroliaeth neu'r 'writerly community', chwedl Carolyne Larrington. Bu'r gymuned yn Helfta yn gweithredu fel teulu, gan gynnig cefnogaeth a hyder ac ymdeimlad o hunaniaeth i'r lleianod yno. Yr oedd y sefyllfa yno yn enghraifft arbennig o'r modd y gallai gwragedd oresgyn rhwystrau drwy gynnal breichiau ei gilydd, gan fagu hyder i gyfansoddi, hynny yw, cyflawni'r trawsnewidiad hollbwysig a'u galluogai i ddatblygu'n awduron. Wedi dweud hynny, ni theimlai gwragedd Helfta reidrwydd i ymddiheuro am eu cyfansoddiadau ar sail eu rhyw. Yn hytrach, canmoliaeth a balchder sy'n nodweddu cyfeiriadau'r lleianod wrth ddisgrifio'r gymuned yno. Ymfalchïo yn eu dysg a wnaent oherwydd rhoddid bri mawr ar awdurdod benywaidd a phwysigrwydd y gymuned fel meithrinfa ar gyfer datblygiad deallusol ac ysbrydol y lleianod.

Nid oes dim cyffelyb i hyn wedi dod i'r amlwg yng Nghymru, lle'r oedd lleiandai yn brin. Yn y byd seciwlar yr oedd Gwerful Mechain yn perthyn iddo, rhaid edrych yn hytrach i gyfeiriad y teulu a'r cylchoedd barddol lleol. Wrth fwrw golwg dros y sefyllfa yng Nghymru, honnodd Dafydd Johnston fod rhai merched mewn teuluoedd diwylliedig yn dysgu barddoni fel eu brodyr a, chan gyfeirio at Gwerful Mechain, meddai:

> Yn anffodus, nid oes dim tystiolaeth i ddangos fod Gwerful Mechain hithau wedi etifeddu diddordeb mewn cerdd dafod trwy ei theulu, ond gwyddys ei bod yn perthyn i gylch barddol ym Mhowys wedi'i ganoli ar yr hynafgwr awdurdodol, Dafydd Llwyd o Fathafarn, cylch a gynhwysai feirdd proffesiynol ac amaturiaid trwy'r trwch.

Yr oedd cysylltiadau barddol o'r fath cyn bwysiced â theuluoedd fel magwrfa i feirdd amatur ac yn aml iawn byddai'r beirdd mewn cylchoedd o'r fath yn perthyn i'w gilydd. Felly, hawdd credu bod Gwerful Mechain, yn rhannol efallai yn sgil ei chysylltiadau â Dafydd Llwyd, wedi cael mynedfa i'r 'salon farddol' honno ym Mathafarn.

At hynny, y mae'n amlwg fod cartrefi noddwyr y beirdd yn gweithredu fel meithrinfeydd llenyddol, fel y gwnâi salonau llenyddol mewn gwledydd a diwylliannau eraill. Yr oedd y plastai nawdd hyn yn gyrchfannau hynod bwysig i'r beirdd ar eu teithiau a'u cylchoedd clera, yn enwedig yn ystod y tair gŵyl arbennig, sef y Nadolig, y Pasg a'r Sulgwyn, ac ar adegau arbennig eraill o'r flwyddyn. Er bod nifer y cartrefi neu'r llysoedd y canai beirdd iddynt ar gynnydd, canghennau newydd o hen deuluoedd adnabyddus oedd y rhan fwyaf ohonynt. Nid oedd y cynnydd hwnnw yn gyfyngedig i sir Drefaldwyn. Ceir digon o esiamplau o'r datblygiad hwn mewn ardaloedd eraill; er enghraifft, ymgartrefodd cangen newydd o deulu Fychaniaid

3 Plasty Bryngwyn, Llansanffraid-ym-Mechain, gan John Ingleby, 1795.

Brodorddyn (swydd Henffordd) yn Nhretŵr, Brycheiniog, yn ystod y bymthegfed ganrif. Ni ddiogelwyd unrhyw dystiolaeth am ddatblygiad na hyfforddiant barddol Gwerful Mechain. Serch hynny, y mae'r dystiolaeth amgylchiadol yn dangos iddi gael ei magu mewn ardal a chanddi draddodiad anrhydeddus o noddi beirdd. Cofier hefyd fod y doreth hon o gartrefi nawdd a'r holl weithgarwch llenyddol yn adlewyrchu cyfoeth yr ardal a'i thrigolion. Yr oedd ardaloedd lle y ceid ffyniant economaidd a phobl dda eu byd yn gyfystyr i raddau helaeth ag ardaloedd a oedd yn ffyniannus yn ddiwylliannol. Cynigient, felly, amodau delfrydol ar gyfer datblygiad barddoniaeth. At hynny, y mae'n bwysig cofio y gallai Gwerful arddel cysylltiadau teuluol â thrigolion nifer o'r plastai arbennig hyn. Gwyddom fod ewythr iddi, sef Ieuan Fychan, yn byw yn y Bryngwyn, Llansanffraid-ym-Mechain. Yr oedd ei mam yng nghyfraith yn ferch i Deio ap Llywelyn o Ddolobran ger Pontrobert, sef cangen o deulu Fychaniaid Llwydiarth, a hanai ei thad yng nghyfraith o ardal Main, Meifod a Mechain. Byddai'r teuluoedd uchelwrol hyn yn aml yn cydbriodi er mwyn diogelu a chadarnhau eu sefyllfa gymdeithasol freintiedig. Gwyddom, er enghraifft, fod Fychaniaid Llwydiarth wedi cydbriodi droeon â theulu Mathafarn. Felly, y mae'n deg casglu i Gwerful Mechain amsugno gwerthoedd a syniadaeth y rhwydwaith nodedig a thrawiadol hwn o deuluoedd a gefnogai gerdd dafod ac a ymddiddorai ynddi. Yn ogystal, rhaid ei bod wedi dod dan ddylanwad elfennau dieithr a mentrus yn sgil ei hymweliadau â threfi fel Croesoswallt, gan fanteisio ar y cyfle i gymathu'r hen a'r newydd, y traddodiadol a'r chwyldroadol yn ei barddoniaeth.

Y mae Gwerful Mechain, yn gam neu'n gymwys, yn enwog yn bennaf am gerddi sy'n trafod rhywioldeb – er nad yw'r rhain yn cynrychioli ond un agwedd ar ei gwaith hysbys. Yn y cywydd maswedd 'Cywydd y gont' y mae'n

beirniadu confensiynau'r canu mawl i wragedd. Ni allai
dderbyn y darlun anghyflawn o gorff merch yng ngwaith y
beirdd gwrywaidd oherwydd ei fod yn anwybyddu'r cedor yn
llwyr. Er mwyn unioni'r cam hwnnw y mae Gwerful yn
dyfalu ac yn disgrifio organau rhywiol y ferch mewn dull
manwl a graffig iawn, gan ddangos bod ganddi wybodaeth
amlwg am ganu mawl y beirdd a'r confensiynau cyfarwydd
a geid yn eu cerddi drwy barodïo'r testunau hynny. Gwrth-
destun i ganu mawl i ferched yw'r cywydd maswedd hwn.
Yr oedd y duedd i beidio â chyfeirio at organau rhywiol
merch mewn barddoniaeth yn adlewyrchu dylanwad
Amores ac *Ars Amatoria* Ofydd. Safonau'r traddodiad
ymataliol hwn a geir gan y beirdd gwrywaidd Cymraeg a
feirniedir yng nghywydd Gwerful, a gellir derbyn ei
beirniadaeth o gonfensiynau barddoniaeth fel arwydd o'i
hyder fel bardd. Nid oedd arni ofn tramgwyddo'r
confensiynau hynny na thorri cwys newydd er mwyn lleisio
safbwynt unigolyddol. Y mae'r cywydd hwn fel petai'n
ffurfio gwrthbwynt naturiol i 'Gywydd y gal' gan Ddafydd
ap Gwilym. Lluniwyd y cywydd hwnnw ar ffurf cwyn a
gyfeiriwyd yn uniongyrchol at gal y bardd lle y ceryddir
trachwant afreolus yr aelod arbennig hwnnw. Serch hynny,
y mae dull Gwerful Mechain o drin y testun a'i neges yn
wahanol iawn i ogwydd Dafydd ap Gwilym. Ni cheir
unrhyw elfen o ymffrost bersonol yn ei chywydd hi; yn
hytrach, beirniadu'r canu mawl gwrywaidd a wna am iddo
beri bod organau rhywiol y ferch yn dabŵ llwyr. Gellir
dweud ei bod yn unioni'r cam hwnnw drwy amlygu a
disgrifio organau rhywiol y ferch yn fanwl, gan wneud y
cedor yn destun dathliad yn y farddoniaeth yn hytrach nag
yn destun gwaharddedig. Yn ôl y farn gyffredin ymhlith
gwŷr dysgedig yr Oesoedd Canol, ystyrid corff merch yn
amrywiad rhyfeddol ac afluniaidd ar y corff gwrywaidd. O
osod 'Cywydd y gont' yng nghyd-destun y gred gyfeiliornus
hon sy'n adlewyrchu safle 'eilradd' y ferch, ymddengys yn

4 Cerdd o waith Gwerful Mechain yn llaw John Jones, Gellilyfdy
(1605–18) (LlGC Llsgr. 3039B, t. 109).

waith heriol a herfeiddiol dros ben. Er na cheir brolio ynddo,
y mae'r elfen o falchder a hyder diamheuol ynglŷn â
rhywioldeb benywaidd yn gwbl amlwg drwy gydol y gerdd:

> Fforest falch iawn, ddawn ddifreg,
> Ffris ffraill, ffwrwr dwygaill deg.
> Pant yw hwy no llwy yn llaw,
> Clawdd i ddal cal ddwy ddwylaw.
> Trwsglwyn merch, drud annerch dro,
> Berth addwyn, Duw'n borth iddo.

Mewn ail gywydd maswedd, sef 'Cywydd i wragedd
eiddigus', pwysleisia Gwerful ddrygioni cenfigen ac
eiddigedd merched. Ar yr olwg gyntaf ymddengys ei bod yn
ceryddu gwragedd oherwydd eu hobsesiwn â chal dyn. Ond
y mae'n bwysig sylweddoli mai dathlu rhywioldeb merched
a wna yn hytrach na'i feirniadu. Nid rhywioldeb ond
cenfigen ac eiddigedd merched sy'n ennyn ei
hanfodlonrwydd. Ymosod ar wragedd eiddigeddus a wna,
gan feirniadu eu hunanoldeb yn gwarchod eu gwŷr a
gwarafun i wragedd eraill foddhad rhywiol drwy wrthod
rhyddhau a rhannu eu gwŷr. Gwrth-destun yw'r cywydd
hwn mewn gwirionedd ac y mae Gwerful yn gwyrdroi'r
ddadl draddodiadol a geir ym marddoniaeth y beirdd
gwrywaidd am y Gŵr Eiddig drwy roi gogwydd benywaidd
i'r confensiwn llenyddol hwnnw. Wrth fabwysiadu'r
safbwynt hwn y mae'n tynnu sylw at bwysigrwydd
rhywioldeb a boddhad rhywiol merched. Yn wir, gellir
honni bod Gwerful nid yn unig yn pwysleisio pwysigrwydd
rhywioldeb ac angen merched am foddhad rhywiol, ond
hefyd yn gosod anghenion cnawdol benywaidd yn gyfartal o
ran pwysigrwydd ag eiddo'r dynion ac yn gwneud sbort am
ben y dynion a'r *genre* llenyddol.

Yn yr englynion maswedd 'Ymddiddan rhwng Dafydd
Llwyd ap Llywelyn ap Gruffudd a Gwerful Mechain' y
mae'n ymateb i englyn heriol ac ymffrostgar Dafydd Llwyd

o Fathafarn ynghylch ei gal. Ar ôl brolio maint cal Dafydd
Llwyd y mae Gwerful yn troi i ddyfalu ei chedor, gan herio'r
bardd. Dengys fod arni hithau, fel Dafydd, angen cymar a
chanddo bidyn o faintioli sylweddol er mwyn ei bodloni.
Gellir cynnig efallai fod Gwerful wedi mabwysiadu *persona*
y ferch nwydus a ymhyfrydai yng ngrym ei thrachwant
rhywiol er mwyn siarad yn fras ac yn blaen am ryw.

Ymddengys yr englynion 'Dafydd Llwyd ap Llywelyn ap
Gruffudd yn ateb Gwerful Mechain' yn bur debyg i'r
englynion maswedd 'Ymddiddan rhwng Dafydd Llwyd ap
Llywelyn ap Gruffudd a Gwerful Mechain' a drafodwyd
eisoes. Unwaith eto, y mae'r englynion hyn yn heriol ac yn
gystadleuol iawn eu naws, gyda'r ddau fardd yn brolio eu
cynysgaeddiad rhywiol personol. Yn yr englyn maswedd
'Llanc ym min y llwyn' pwysleisia Gwerful gryfder ei chwant
rhywiol a'i hawydd i foddio ei chynyrfiadau corfforol:

> Rhown fil o ferched, rhown fwyn – lances,
>   Lle ceisiais i orllwyn,
> Rhown gŵyn mawr, rhown gan morwyn
> Am un llanc ym min y llwyn.

Yn ôl Ceridwen Lloyd-Morgan, disgrifia Gwerful ei
theimladau rhywiol mewn dull cwbl agored a didwyll yn yr
englyn hwn gan ddatgan yn blaen ei hawydd i garu. Ond y
mae'r un mor bosibl mai canu â'i thafod yn ei boch a wna,
gan fenthyg *persona*'r wraig nwydus a feddai drachwant
rhywiol anystywallt.

Yr oedd hi'n anodd iawn i ferched gyfiawnhau awdurdod
eu gweithiau llenyddol, yn enwedig os canu serch oedd
testun eu cyfansoddiadau. Serch hynny, gwyddom fod
merched yn cyfansoddi barddoniaeth serch ac yn trafod
chwantau rhywiol. Mynegai rhai o'r *trobairitz* deimladau
am rywioldeb benywaidd, ac er bod elfen o gonfensiwn
ynghlwm wrth hynny, mewn oes fisogynistaidd yr oedd
canu am ryw o safbwynt benywaidd yn dangos beiddgarwch

5 Yr englyn maswedd 'Rhown fil o ferched …' yn llaw Thomas Evans, Hendreforfudd, 16–17 ganrif (LlGC Llsgr. 1553A, t. 694).

anghyffredin. Y mae barddoniaeth yr Iarlles o Dia (a anwyd ym Mhrofens *c.* 1140) yn nwydus a phersonol. Nid oedd arni ofn trafod dyheadau cnawdol; yn wir, mynega ei hiraeth a'i hawydd i garu yn gwbl agored a di-lol. Y mae ei cherdd *Estat ai en greu cossirier* yn llawn delweddau synhwyrus ac awgrymog. Dychwelir yn gyson at ddelwedd y gwely a chariadon noeth. Dychmyga'r Iarlles ei hun yn cofleidio ei chariad a'i chorff noeth fel gobennydd iddo. Yn yr un modd, y mae'r bardd Tibors, a anwyd *c.* 1130, yn datgan yn eglur ei chwant rhywiol mewn darn anghyflawn o farddoniaeth sydd wedi goroesi. Pwysleisir ganddi gryfder ei hawydd i garu ac i dreulio amser yng nghwmni ei chariad. Y mae'r farddoniaeth yn syml ac uniongyrchol a'i neges yn ddidwyll, heb unrhyw elfen o euogrwydd nac edifeirwch. Ymddengys fod Castelloza, a anwyd *c.* 1200, hithau yn hollol ymwybodol nad oedd hi'n dderbyniol i wraig fonheddig achub y blaen mewn perthynas garwriaethol drwy gyfarch ei chariad. Ond, wedi dweud hynny, yn hytrach na mabwysiadu safle oddefol a diogel yn ei barddoniaeth y mae Castelloza yn ymwrthod â'r rhagdybiaethau traddodiadol hynny ynglŷn ag ymddygiad. Cyfaddefa'r bardd, heb deimlo unrhyw gywilydd, ei bod yn mwynhau cyfarch ei chariad yn uniongyrchol, gan sgwrsio ag ef am amser maith. Dywed Castelloza mai'r unig rai a fyddai'n beirniadu ei hymddygiad oedd y sawl na wyddai sut i fwynhau pleserau carwriaeth. Ond wrth drafod barddoniaeth gan rai o ferched yr unfed ganrif ar bymtheg, dywed Ann Rosalind Jones:

> In practice, however, the ideological matrix that associated open speech with open sexuality in women made love poetry an especially transgressive genre for them, the genre of a semiprivate sphere that broke down secure categories. The woman love poet, exposing desire for a man who was not her husband to the gaze of a mass readership, was a public woman – a term that in the sixteenth century meant a whore.

Yn achos rhai o gerddi Gwerful Mechain nid oes modd dianc rhag gogwydd benywaidd neu 'lais benywaidd' amlwg y cyfansoddiadau. Y mae llais y ferch yn arbennig o amlwg yn ei chywyddau maswedd a'r cywydd sy'n ffurfio ateb i wreig-gasineb Ieuan Dyfi. Serch hynny, y mae'r dull a ddefnyddia i drin ei phwnc yn allweddol bwysig. Nid siarad fel unigolyn a wna ond, yn hytrach, ar ran merched yn gyffredinol. Drwy wneud hyn gellir dweud ei bod yn ei hamddiffyn ei hun i raddau rhag beirniadaeth bersonol trwy fabwysiadu llais benywaidd cyfunol.

Sylwer bod dadleuon Veronica Franco ynglŷn â chydraddoldeb yn aml yn groyw rywiol ac yn tynnu ar ei chefndir fel *courtisane*. Nid oedd gan y *courtisanes* ddim i'w golli yn gyhoeddus; yn wir, gallai barddoniaeth o'r fath hyrwyddo eu gyrfa yn hytrach na niweidio eu delwedd gyhoeddus gan fod eu safle cymdeithasol fel *courtisanes* yn hysbys ddigon. Yn ei cherdd *Capitolo* 2 brolia Veronica ei thalentau a'i sgiliau rhywiol, gan nodi mai gweithredoedd ac nid geiriau a oedd yn bwysig iddi hi. Egyr Veronica ei cherdd â her. Mynna'r bardd fod y carwr yn profi dilysrwydd ei serch, gan ennill ei hedmygedd â gweithredoedd yn hytrach nag â datganiadau. Ar yr amod hwnnw yn unig y gallai hithau brofi ei medrusrwydd erotig a chyfiawnhau ei gyrfa fel *courtisane*. Yr oedd canu serch yn *genre* llawer llai derbyniol i wragedd nag ydoedd i feirdd gwrywaidd ond, fel y dengys Ann Rosalind Jones:

> Courtesans were the one exception. For them, erotic verse was a central requirement of a career built on self-display and verbal elegance. Veronica Franco occupies the radical end of the spectrum: in her *Rime,* she declares her profession openly through dialogues with clients in which she proclaims her sexual skills and uses challenging rhetorics to defend other courtesans and the female sex in general. But Franco's erotic invitations would have been scandalous in a woman not practising her profession.

Gwraig arall a gyfansoddai yn ystod y bymthegfed ganrif oedd Isabel, Iarlles Argyll. Ceir tair cerdd ganddi yn *Llyfr Deon Lios Mór*, dwy ohonynt ar ffurf cân serch a'r drydedd yn gerdd ddychan i'r caplan teuluol yn disgrifio mewn termau graffig faintioli ei gala:

Gwrandewch, bobl y tŷ hwn / Ar stori'r caliau grymus; / Dyheodd fy nghalon / [Am gael] ysgrifennu rhai o'r storiau.

Er mor niferus yw'r caliau â gwefusau braf / A fu yn yr amser o'n blaenau / Mae gan y gŵr hwn sy'n perthyn i'r urddau cysegredig / Gal mor fawr ac mor galed.

[Dyna] gal fy offeiriad cyflogedig / Er bod hwnna'n hir ac yn gadarn / Gan ei fod ef ymhell oddi yma / Ni chlywsoch am y castiau sydd yn ei faban.

Mae ei gal yn dra-thrwchus, / Ac nid anwir mo'r stori, / Ni chlywais eilwaith / Am gal mor drwchus, mor fawr. Gwrandewch.[1]

Dywed Meg Bateman fod barddoniaeth Isabel yn dilyn y traddodiad cyfandirol o ganu serch cwrtais a ledaenwyd i Iwerddon a'r Alban gan glerigwyr crwydrol: 'Songs which praise the lover often use the same formulas as the professional poets, but such works may also be accompanied by an erotic note which is quite foreign to the work of the professional poets.'

Y tu hwnt i ffiniau Ewrop yr oedd y sefyllfa mewn rhai achosion yn bur debyg. Er enghraifft, yr oedd Llywodraeth Tsieina yn anarferol oddefgar o lenyddiaeth erotig yn ystod dechrau'r unfed ganrif ar bymtheg pryd y cyfansoddwyd llawer o nofelau erotig ac y perfformiwyd comedïau

---

[1] Cyfieithiad gan Dr Ian Hughes. Gw. y testun gwreiddiol yn Anne Frater, 'Scottish Gaelic Women's Poetry up to 1750' (Traethawd Ph.D. anghyhoeddedig Prifysgol Glasgow, 1994, t. 354).

6 Cariadon yn cusanu (LlGC Llsgr. Peniarth 28, t. 5).

masweddus yn y theatr. Serch hynny, nid ystyrid
barddoniaeth fasweddus yn *genre* addas i ferched nad
oeddynt yn *courtisanes*. Ond, er gwaethaf y farn gyffredin a
chwaeth yr oes, cyfansoddodd Huang O (1498–1569), gwraig
y bardd a'r dramodydd Yang Shen, farddoniaeth fasweddus:

> *To the Tune 'Soaring Clouds'*
> You held my lotus blossom / In your lips and played
> with the / Pistil. We took one piece of / Magic
> rhinoceros horn / And could not sleep all night long. /
> All night the cock's gorgeous crest / stood erect. All
> night the bee / Clung trembling to the flower /
> Stamens. Oh my sweet perfumed / Jewel! I will allow
> only / My lord to possess my sacred / Lotus pond, and
> every night / You can make blossom in me / Flowers of
> fire.

> *To the Tune 'Red Embroidered Shoes'*
> If you don't know how, why pretend? / Maybe you can
> fool some girls, / But you can't fool Heaven. / I dreamed
> you'd play with the / Locust blossom under my green
> jacket, / Like a eunuch with a courtesan. / But lo and
> behold / All you can do is mumble. / You've made me
> all wet and slippery, / But no matter how hard you try /
> Nothing happens. So stop. / Go and make somebody
> else / Unsatisfied.

Dengys prinder cymharol y canu serch gan wragedd fod y
genre hwn yn llawer llai derbyniol a hygyrch i feirdd
benywaidd nag yr oedd i'r beirdd gwrywaidd. Eto i gyd,
dengys yr enghreifftiau a nodwyd uchod ei bod hi'n bosibl i
ferched oresgyn y problemau cymdeithasol a diwylliannol a
oedd yn gysylltiedig â'r *genre* hwnnw. Yn achos y
courtisanes nid oedd cywair y canu serch fel petai'n achosi
anawsterau nac yn creu unrhyw rwystr iddynt. Y mae'n
debyg mai'r hyn a gyfrifai i raddau helaeth am eu
beiddgarwch barddonol oedd y safle arbennig a ganiateid

iddynt o fewn y gymdeithas. Eto i gyd, go brin y gellir cymhwyso'r rhyddid anarferol a brofai'r *courtisanes* cyfandirol â sefyllfa gymdeithasol bardd fel Gwerful Mechain. At hynny, o ystyried gwaith y beirdd benywaidd a nodwyd uchod gyda'i gilydd, gellir dweud mai ym marddoniaeth Gwerful Mechain ac Isabel, Iarlles Argyll, y ceir yr enghreifftiau grymusaf o ganu maswedd uniongyrchol a dilyffethair.

Wrth drafod barddoniaeth Gwerful Mechain a'i swyddogaeth fel bardd, ni ellir honni dim â sicrwydd. Eto, gellir tybio, fel yn achos merched eraill a gyfansoddai yn ystod yr Oesoedd Canol, fod nifer o ffactorau arbennig wedi bod yn gyfrifol am ei hysgogi i gyfansoddi barddoniaeth. Y mae'n debyg na ddylid ceisio lleoli nac ynysu un ffactor arbennig fel ysbardun posibl, ond yn hytrach y dylid derbyn bod cyfuniad o ffactorau ac amodau ffafriol, yn rhai economaidd, cymdeithasol, diwylliannol yn ogystal â phersonol, yn esbonio gyrfa Gwerful Mechain fel bardd.

DARLLEN PELLACH

Meg Bogin, *The Women Troubadours* (Llundain, 1980).

Carol Cosman, Joan Keefe a Kathleen Weaver (goln.), *The Penguin Book of Women Poets* (Harmondsworth, 1980).

Nerys Howells (gol.), *Gwaith Gwerful Mechain ac Eraill* (Aberystwyth, 2001).

Dafydd Johnston (gol.), *Gwaith Lewys Glyn Cothi* (Caerdydd, 1995).

Dafydd Johnston, *'Canu ar ei fwyd ei hun'*: *Golwg ar y Bardd Amatur yng Nghymru'r Oesoedd Canol* (Abertawe, 1997).

Dafydd Johnston (gol.), *Canu Maswedd yr Oesoedd Canol* (Pen-y-bont ar Ogwr, 1998).

Ann Rosalind Jones, *The Currency of Eros: Women's Love Lyric in Europe 1540–1620* (Indiana, 1990).

Catherine Kerrigan (gol.), *An Anthology of Scottish Women Poets* (Caeredin, 1991).

Carolyne Larrington, *Women and Writing in Medieval Europe* (Llundain, 1995).

Merry E. Wiesner, *Women and Gender in Early Modern Europe* (Caer-grawnt, 1996).

EDWARD LHUYD A'R BYWYD DIWYLLIANNOL CYMREIG

Brynley F. Roberts

The name of Lhuyd deservedly ought to be held in Veneration ... by all lovers of Celtic Learning and Name.

David Malcome

Ym 1738, ymhen ychydig flynyddoedd wedi marw Edward Lhuyd ym 1709, yr oedd David Malcome, yr hanesydd a'r hynafiaethydd o'r Alban, yn tystio bod enw'r Cymro yn teilyngu ei barchu gan holl bobloedd 'Celtaidd' yr ynysoedd hyn a chan bawb a garai 'the Celtic Learning and Name'. Yr oedd brawddeg Malcome yn crynhoi un o brif gyfraniadau Lhuyd i syniadaeth a meddylfryd trigolion 'an-Seisnig' Prydain yn y pwyslais hwn ar y cysyniad o gyd-berthynas, ieithyddol yn bennaf, ond nid yn gyfan gwbl, rhwng y bobloedd hyn yn eu Celtigrwydd. Ar lwybr troellog, amlweddog Celtigrwydd y mae gan Lhuyd ei le, er y byddai ef wedi gwaredu rhag rhai arwyddion honedig o'r cysyniad hwnnw. O safbwynt tystiolaeth iaith ac enwau lleoedd yn bennaf yr archwiliodd ef y cyswllt rhwng Cymru, Cernyw a Llydaw, Iwerddon, Ucheldir yr Alban a Gâl, ac ychydig o amynedd a oedd ganddo â'r honiadau gor-hyderus a wnaed gan amryw am ddefnydd y derwyddon gynt o'r cromlechi a'r meini hirion y dysgodd ei ddisgyblion i'w disgrifio a'u harlunio mor ofalus. Nid mewn haniaethau y meddyliai Lhuyd ac yn anfynych hefyd y mentrai ddamcaniaethu. Amharod ydoedd i fynd ryw lawer y tu hwnt i dystiolaeth yr wybodaeth a oedd ganddo. Yr oedd yr wybodaeth honno mor ddwfn a manwl mewn perthynas â gwledydd Celtaidd Prydain fel y mae'n hawdd gweld paham y closiai ysgolheigion a hynafiaethwyr y parthau hyn ato ef, yr ymwelydd a'r estron hwn a barchai eu diwylliant brodorol ('who despised the Fatigue of learning their Language, and travelling wherever it was spoke' yw sylw David Malcome) a chyfrannu cymaint at eu dealltwriaeth ohonynt eu hunain. Deuai Lhuyd at fywyd a hanes y cenhedloedd hyn o'r tu allan, ond gwahanol, o leiaf erbyn yr adeg yr oedd yn cyflawni ei waith pwysicaf ac erbyn ei farw, oedd ei gyswllt â'r bywyd diwylliannol Cymraeg oherwydd nid oes amheuaeth nad oedd yn dra ymwybodol o'i ymlyniad diwylliannol fel Cymro.

Y mae'n werth pwysleisio hyn, yn rhannol am ei fod yn perthyn i'r dosbarth bonheddig a oedd yn colli gafael ar ei gynhysgaeth Gymraeg, neu'n dewis ymwadu â hi, yn niwedd yr ail ganrif ar bymtheg, ond hefyd am fod ei amgylchiadau teuluol personol ef yn ei arwain i'r un cyfeiriad. Fel y gwyddys, dihoeni yr oedd y traddodiad barddol a'r gerddoriaeth a oedd yn cyd-fynd ag ef ymhlith y teuluoedd bonheddig yn y cyfnod dan sylw, a darfod hefyd yr oedd y diddordeb deallus yn y llawysgrifau a oedd yn gyfryngau'r traddodiad llenyddol a hanesyddol hwnnw. Y prif deuluoedd, sef y rhai a deimlai'r pwysau trymaf i ymseisnigo wrth ganfod eu dyfodol yn yr uchelwriaeth yn Lloegr, oedd y cyntaf i lithro allan o gyd-destun bywiol y diwylliant Cymraeg ac i geisio'r addysg a'r cysylltiadau a gymhwysai eu plant i gymryd eu lle yn y gymdeithas fonheddig Seisnig. Ond yr oedd yr ail reng, yn enwedig yn y de a'r gororau, yn ymwybod â'r un pwysau ac yn tueddu i'r un cyfeiriadau. Nid bod y boneddigion wedi colli gafael ar y Gymraeg dros nos, oherwydd yr oedd gwybodaeth ohoni i ryw raddau yn dal yn anghenraid wrth drafod gweision a thenantiaid mewn rhai teuluoedd a rhai ardaloedd, ond sôn yr ydym am yr ymagweddu ati a'r ymddieithrio a ddigwyddodd yn eu perthynas â'r bywyd Cymraeg nad oeddynt bellach yn rhan ohono. Graddol ddarfod a wnaeth y traddodiad nawdd yn sgil yr ymseisnigo. Ond llawn cyn bwysiced â hynny oedd y newid diwylliant a'r newid ffasiwn, a hefyd y newid yn amgylchiadau materol a chymdeithasol amryw o'r teuluoedd hyn wedi'r rhyfeloedd cartref. Ond os oedd gwythïen y traddodiad llenyddol Cymraeg fel pe bai'n dod i ben ymhlith llawer o'r teuluoedd bonheddig, ni olygai hynny eu bod yn troi'n ddosbarth diddiwylliant (er bod hynny'n wir, mae'n siŵr, am rai unigolion, fel y buasai erioed). Ac anwybyddu eu hymwybod â'r diwylliant llenyddol Saesneg cyfoes a byd llyfrau ffasiynol, arhosai yn eu plith yr hen ddiddordeb hynafiaethol yn ei wedd Gymreig fel rhan o'r ymlyniad wrth yr hanes traddodiadol fel y cawsai ei gyflwyno gan Sieffre o Fynwy, a hefyd ar gefndir ehangach yn yr hynafiaetheg maes ac archwilio henebion a oedd wedi datblygu ers dyddiau ysgolheigion oes y Tuduriaid ac wedyn. Parhâi'r boneddigion i gefnogi ac i ymddiddori mewn archwiliadau a chwilota yn y maes, ac ni chollasant eu hymdeimlad â hanes, pa mor amrwd bynnag fyddai eu dealltwriaeth o amser a chyfnodau'r gorffennol. Modd i ddaearu'r ymwybyddiaeth hon yn lleol fyddai'r archwilio, a'r un fyddai effaith, er nad yr un fyddai ysgogiad, yr hel achau a'r cofnodi chwedlau teuluol a ddeuai fwyfwy i fri erbyn diwedd y ganrif.

7 Y gwyddonydd, yr ieithydd a'r naturiaethwr Edward Lhuyd (1660–1709).

Y mae hynt teulu Edward Lhuyd, Lloydiaid Llanforda, Croesoswallt, yn nodweddiadol o gyfeiriad y newid, er eu bod, efallai, yn ei amlygu'n eglurach na llawer o rai eraill gan eu bod yn enghraifft eithafol a'r prif gymeriadau yn rhai mor lliwgar. Teulu tiriog oeddynt a fuasai'n chwarae eu rhan ddisgwyliedig yn y gymdeithas – yn swyddogion gweinyddol, yn arweinwyr catrodau brenhinol lleol, yn geidwaid castell Croesoswallt; yn hen deulu yn y fro yn ymfalchïo yn eu hachau a'r ymganghennu yng nghylchoedd Croesoswallt, dyffryn Clwyd a Meirionnydd, ac yn cyflawni eu dyletswyddau hefyd fel noddwyr beirdd a chynheiliaid y traddodiad barddol a cherddorol. Ond ymddengys fod hyn oll wedi darfod gyda thaid Lhuyd, Edward Lloyd, a wnaeth enw iddo'i hun yn gwnstabl aneffeithiol castell Croesoswallt ym 1644 ac a ffodd at ei dylwyth yng Nghorsygedol i ymguddio. Ar ddiwedd heldrin y rhyfel cartref ymneilltuodd i weddillion ei ystad ddirwyedig i hel atgofion am y blynyddoedd pan fuont yn noddi Rhys a Siôn Cain ac yn rhannu ym mywyd barddol bywiog Croesoswallt, yr adeg pan fyddai telyn yn Llanforda ac y credid mai rhodd briodol i gyfaill o uchelwr fyddai comisiynu bardd o herodr i lunio cart achau iddo. Bellach, tawelwch wrth drin a chynllunio ei ardd a cheisio tangnefedd â'i Dduw fyddai nod ei fywyd. Nid ystrydeb sentimental yw honni bod ffordd o fyw wedi dod i ben pan fu ef farw ym 1663 oherwydd y mae hynny'n gwbl amlwg o syllu ar batrwm bywyd ei fab, yntau hefyd yn Edward Lloyd. Cafodd hwn yr enw o fod yn oferddyn anwadal, di-ddal a diau fod llawer o wirionedd yn y darlun hwnnw, ond yr oedd hefyd yn nodweddiadol o'r gŵr bonheddig newydd, er mai prin fod llawer o sylwedd cymdeithasol yn y term yn ei achos ef. Nid oedd iddo swyddogaeth yn y gymdeithas a cheisio defnyddio'i dylwyth a'i gysylltiadau cymdeithasol a wnâi ef i hybu ei fuddiannau ac i ddatrys ei broblemau. Gwelai ei ddyfodol mewn bywoliaeth nad oedd yn dibynnu ar ystad a thir a throes yn *entrepreneur* (aflwyddiannus, mae'n wir) yn rhoi cynnig, ar bapur o leiaf, ar gael cornel yn y diwydiant glo ym Minerva a'r diwydiant pysgota ar afon Dyfi, ar ddod yn ymgynghorydd garddio, yn apothecari ac o'r diwedd yn fargyfreithiwr. Fel rhai o'i gymrodyr yng Nghymru fel yn Lloegr sylweddolodd mai mewn busnes yr oedd gobaith iddo ef gael byw. Arweiniai ei ddiddordebau personol ef i'r cyfeiriad hwnnw, ond y gwir yw fod y rheini hefyd yn rhan o ddiwylliant boneddigion y cyfnod.

Gwyddai Edward Lloyd am y gweithgarwch hynafiaethol a âi â bryd rhai o'i gymdogion ar y gororau, er, efallai, nad oedd ganddo lawer o amynedd ag ef. Tua 1680 cyfeiriodd mewn llythyr at ryw 'narrative of a Giant whose bones has been dug up by Guilielimus Maurissius Trans Offaniensis Llanshiliniensisque Cambro-Britannicus he y^t has compild 15 great tomes in ye Cambrian Language of ye Kings'. Dyma'r William Maurice, Cefn-y-braich, a oedd yn un o gasglwyr pennaf llawysgrifau Cymraeg ei ddydd ac yn gopïydd dyfal, ac at hynny yn un o amddiffynwyr selog Sieffre o Fynwy. Os nad oedd gan Edward Lloyd yr un ysfa, o leiaf gwyddai am ymchwil William Maurice, ac y mae'n bwysig cofio bod cyswllt pur agos rhyngddo ef a'i deulu a Thomas (Sebastian) Price, Llanfyllin, a oedd yn perthyn i 'gylch' Maurice, ac yn hynafiaethydd prysur a phleidiwr yr hanes traddodiadol. Yr oedd y cyswllt yn ddigon agos i Price weithredu yn warcheidwad i'r mab, Edward Lhuyd, pan fu farw'r tad ym 1681, ac oddi wrtho ef y daeth un o'r llythyrau cyntaf a gadwyd yn archif Lhuyd. Ym 1685 anfonodd Price air at Lhuyd, ac yntau bellach yn Rhydychen, yn ateb rhai o ymholiadau Dr Robert Plot, pennaeth Amgueddfa Ashmole a'r athro cemeg, ynglŷn â *Historie of Cambria* David Powel (1584): 'be pleased to acquaint him that Caradoc of Llangarvan was a monk of that place, & wrote ye British historie from Cadwalader to 1156, wch H. Lloyd continued to 1270. This booke D^r

Powel putt into English, with manie impertinent additions, which M^r V^n of Hengwrt & Mr Ellis had a greate mind to have corrected by writing notes of their own ...' Ond os oedd y diddordebau hynafiaethol a hanesyddol yn dal yn fyw ymhlith rhai, nid i'r cyfeiriad hwnnw y rhedai prif ffrwd diwylliant Edward Lloyd, ond yn hytrach i faes yr wyddoniaeth arbrofol newydd gyda'r sylwadaeth a'r cofnodi a oedd yn rhan hanfodol ohoni. Yr oedd yn gwbl o ddifrif ynghylch hyn oll, yn gohebu â rhai o arweinwyr y maes yn Lloegr, a bu dan hyfforddiant mewn anatomeg a chemeg ei hun, gan fynnu'r offer priodol a'r llyfrau diweddaraf. Cyflogodd arddwr profiadol, Edward Morgan, i gynnig cyfarwyddyd ac addysg fotanegol. Cynlluniai arbrofion cemegol yn ei dŷ ac yn ei ardd sylwodd fel y gellid meithrin planhigion mewn amgylchiadau arbennig. Nid oedd yn eithriadol yn y diddordebau hyn. Ceid nifer o hen erddi nodedig yng ngogledd-ddwyrain Cymru, megis Lleweni, Castell y Waun, Trefalun a Hanmer, ac yng nghylch 'hynafiaethol' William Maurice nid oedd ymwneud ag arbrofion a sylwadaeth naturiaethol yn beth dieithr, fel y dengys hanes Meredith Lloyd a allai draethu'n awdurdodol 'ar faterion "gwyddonol", o gemeg i'r hyn a elwir yn awr yn gymdeithaseg', a dyfynnu Nesta Lloyd. Yn nhai boneddigion megis Myddeltoniaid Castell y Waun a Wynniaid Gwedir nid anarferol fyddai ymwneud â chemeg a 'metallurgie' a mynnu llyfrau ar y pynciau hyn. Ni wyddys a gasglai Edward Lloyd eitemau i'w cynnwys mewn 'cabinet', ond yr awydd hwn i gasglu (ac i arddangos) *curiosities* ac *observables* oedd un o nodweddion diwylliant boneddigion, clerigwyr ac arweinwyr eraill cymdeithas o'r dosbarth masnachol newydd yn y cyfnod. Tynnai hyn fwy nag un maes at ei gilydd – henebion, hynodion natur, planhigion, adar, anifeiliaid ac offer gwledydd tramor a gartref – ac er mor hawdd yw beirniadu neu hyd yn oed wawdio'r casglu di-drefn a'r pwyslais ar yr anarferol a'r hynod a barai i'r *cabinets* amrywio o fod yn sioe i fod yn gasgliadau amgueddfaol dilys, y mae'n briodol sylwi mai arwydd ydynt o rychwant eang diddordebau a diwylliant y gwŷr hyn. Y maent hefyd yn arwydd o'r modd y gallai holl ryfeddodau natur a'r bywyd dynol gael eu cyfuno'n ddiwnïad yn un greadigaeth yn eu syniadaeth, y gellid cynnwys ynddi nifer o gymhellion heblaw chwilfrydedd a rhyfeddod, oherwydd ar y naill law yr oedd goblygiadau'r damcaniaethau 'daearegol' yn peri cyffro yn y byd crefyddol, ac ar y llall yr oedd i'r wybodaeth hon oblygiadau masnachol yn ogystal.

Etifedd y diwylliant amlweddog hwn oedd Edward Lhuyd pan aeth i Rydychen ym 1682. Yno cafodd gartref ac awyrgylch cydnaws a chyfarwydd yn y Gymdeithas Athronyddol (hynny yw, gwyddonol) ac yn Amgueddfa Ashmole dan ofal a chyfarwyddyd Dr Robert Plot, y Ceidwad a oedd newydd ei benodi'n athro cemeg. Gartref yn Llanforda buasai Lhuyd yn gwylio arbrofion ei dad, o bosibl yn rhannu ynddynt, a buasai dan gyfarwyddyd Edward Morgan, y garddwr tra pharchus hwnnw a dderbyniodd ganmoliaeth neb llai na'r hynod John Evelyn pan oedd yn arddwr y gerddi 'Physick' yn Chelsea ac a fu'n fodd i Edward Lloyd ddechrau gohebu â Tilleman a Jacob Bobart a oedd yn sefydlu'r gerddi 'physic' yn Rhydychen. Bu'r Lhuyd ifanc yn ddisgybl i Morgan ac ymhyfrydai ym motaneg y meysydd wrth grwydro'r gororau a chanolbarth Cymru yn casglu ac yn cofnodi'r blodau a'r planhigion a welai. Mynd i Rydychen i ddilyn cwrs buddiol a galwedigaethol, addas i ŵr ifanc o'i ddosbarth cymdeithasol yr oedd angen bywoliaeth arno, a wnaeth Lhuyd, ond er iddo ennill statws SCL yn y gyfraith sifil ni chymerodd radd, a chemeg, botaneg a byd newydd ffosilau a enillodd ei fryd. Nid oedd modd iddo ateb holiadau ei diwtor a'i feistr Plot am lyfr enwocaf hanes Cymru a throes at hanesydd o'i gydnabod ei hun, Thomas Price. Ond yn ei ddewis feysydd buan iawn y dangosodd fel y gallai ddefnyddio'r ddisgyblaeth a'r fethodoleg a ddysgai yn yr Amgueddfa, ac a atgyfnerthai'r hyn yr oedd eisoes yn gyfarwydd ag ef, i gasglu ac i archwilio defnyddiau o Gymru. Bu'n arddangos arbrofion a chyflwyno papurau yn y Gymdeithas Athronyddol ac yna, tua 1685, daeth yn gynorthwyydd i Robert Plot yn yr Amgueddfa. Aeth ati i baratoi catalog o'r casgliad cregyn ac yna'r casgliad ffosilau, ac wrth wneud, sylwi ar y bylchau, gan fynd ati i ehangu'r casgliadau trwy ei archwiliadau ei hun. Dyma flynyddoedd dechrau ei gyfeillgarwch â Martin Lister a oedd wrthi'n llunio ei gatalog ysblennydd o gregyn (1685–91) a John Ray a oedd yn diwygio ei waith ar blanhigion Prydain (1689–90). Tynnai Lhuyd ar eu cefnogaeth hwy a chyfrannai ef at eu gweithgarwch hwythau, ond yn ei awydd i lunio casgliadau mwy cynhwysfawr troes at gyfeillion yng Nghymru, nifer ohonynt yn gyn-fyfyrwyr yn Rhydychen a oedd bellach yn offeiriaid plwyf ac yn ysgolfeistri. Aeth ati i'w hyfforddi a'u dysgu sut i bacio'r cregyn a'r planhigion a gasglent i'w hanfon yn ddiogel ato ef, ac ni ellir peidio ag ymglywed â brwdfrydedd eu hymateb i'w geisiadau a chyffro eu darganfyddiadau. Dyna Erasmus Lewes, 'no sooner received y^r kind l ... wherein y^u were pleased to prescribe me w^t method I sh^d observe in gathering sea-plants & shells', yn prysuro i lan y môr â'i raw ac yn dychwelyd â dau lond basged, 'packing up ye plants (according to y^r directions) in a box of wet moss wth plants stratum super stratum'. Wrth reswm, ni wyddom pa nifer o gydnabod Lhuyd nad oeddynt yn rhannu ei frwdfrydedd yntau, ond go brin ei fod wedi ymgysylltu â phawb yn ddiwahân heb fod ganddo ryw syniad o'u hymateb tebygol. Bu'n cymdeithasu â llawer o'r gwŷr ieuainc hyn yn Rhydychen a gwyddai am eu diddordebau, oherwydd nid creu'r diddordeb a wnaeth Lhuyd – odid na chawsai rhai ohonynt, megis Lhuyd ei hun, flas ar y diwylliant gwyddonol yng Nghymru – yn gymaint â'i feithrin a rhoi nod iddo. Yn y llythyrau y buont yn eu hanfon at ei gilydd yr hyn sy'n taro'r darllenydd yw mor

hyddysg oedd y mwyafrif ohonynt ym myd natur o'u
hamgylch a'r graddau yr oedd Lhuyd yn gallu cymryd yn
ganiataol eu bod yn deall yr hyn yr oedd ef yn ei ddweud
wrthynt. 'J found my Brother David a greater proficient in
plants yn you or J ever expected. He knows most of
common plants (like myself) by sight if not by names',
meddai John Lloyd, Blaen-y-ddôl, ond pan roes Lhuyd
gyfarwyddiadau i'r David digoleg hwn ynghylch y
planhigion a geisiai (ac a welsai ar ei deithiau ei hun), ar yr
Wyddfa a Chadair Idris ym 1682, ni phetrusai ddefnyddio
enwau Cymraeg, ac weithiau Saesneg, ond rhestrai amryw
hefyd wrth eu henwau Lladin; ac mewn modd tebyg, wrth
anfon adroddiad at Lhuyd o'i deithiau ymchwil ef a John
Lloyd ym 1686, gallai John Wynne restru'r hyn a welsent
wrth eu henwau Lladin a chofio yn ogystal pa rai a oedd
eisoes yng nghasgliad Lhuyd yn Rhydychen. Agwedd arall ar
y ddisgyblaeth sy'n amlwg yn llythyrau John Wynne a John
Lloyd yw eu gallu i ddisgrifio'n fanwl a deallus yr amrywiol
flodau a phlanhigion hyn a'u hamgylchedd. Nid amaturiaid
dibrofiad a luniai adroddiad megis hwn gan John Lloyd:

> By ye sides of ye river we found a plant yt neither J nor
> any of my guides ... ever saw; it's leafe is very like
> Fragaria & ye berry red & smooth & single or by two
> one scarce touching another; it grew out of clefts &
> never had ye benefit of ye sun, for ye hills are equally
> high (tho not so steep) & cover'd with woods on both
> sides.

Neu'n fwy manwl byth:

> We found Gramen Parnassi; Coteledon hirsuta,
> caryophyllata mont. & acesota Cambrobrittanica P. wch
> you mention'd in yr notes as I take it. None of ye leaves
> had ears to their bottome, as J think ye French sorrel
> has, but were more round, much of ye figure of Pyrola's
> leafe. We found these in abundance there & another

plant wch J.W. guest might be Apium: J know not on wt
ground. The bottom leaves are large Pentifira on a long
stalk growing fm a fibrous redish root. It was in seed yn.
The seed vessels were many close together in an umbel
(as my Brother said) with their tops open as those of a
Lychnis: the stalk wch ye flowr grew upon, was longer
yn those of ye leaves & half a yd high.

Derbynient hwythau blanhigion a hadau ganddo ef ar gyfer
eu gerddi yng Nghymru, 'not yet as well furnished wth
plants as ye Physick garden', meddai William Anwyl yn
gellweirus, ond eto'n ymfalchïo ei fod yn yr un byd; ac yn yr
un llythyr y mae'n gofyn i Lhuyd anfon ato gopi o lyfr
diweddaraf John Ray. Gwyddai Lhuyd fod y cyfeillion hyn a
rhai tebyg iddynt eisoes yn rhannu ei ddiddordeb ysol ef, er
efallai na fyddent yn ei fynegi mor eithriadol deimladol ag a
wnaeth ef wrth hyfforddi David Lloyd:

> I need not trouble you with any farther discourse of this
> kind, since I suppose you may allready have soe good an
> apprehension of it that it would be but needlesse to tell
> you that ye studie of Nature affoords infinite pleasure
> to them yt minde it; that it satisfies mens reason and
> curiositie above all others: that it heals all disturbances
> of ye minde, and renders men thinking and active; that
> it furnishes such as are well seen in it with a treasure of
> real knowledge: that it takes away many vices yt men
> might be guilty of, in thought or action if not diverted
> by this or some such innocent employment: and yt it
> dayly manifests ye incomprehensible power of our
> Creator.

Mwy pwyllog oedd geiriau John Lloyd: 'My Brother is most
desirous to know these things especially plants, yn you
would ever imagine', ond cyn dechrau amau a oedd
brwdfrydedd cynnes Lhuyd y tu hwnt i amgyffred ei
gyfeillion gwledig y mae'n werth craffu ar lythyr Robert

Humphreys o Fôn ato ym 1687 yn disgrifio ei daith ymchwil ar hyd y glannau llc y mae nid yn unig yn rhestru'r casgliadau a wnaethai ond yn ymateb yn ddeallus i ddamcaniaeth Lhuyd fod cregyn yn tyfu:

> Amongst ye Fucus you'l find fucus chordam referens and Fucus angustifolius vitriariorum J.B. which you mention in your letter amongst the sea-plants you have not yet seen. ... I approve of your thoughts in judging it necessary to collect shells, in their severall degrees of growth, for ye better avoiding enumeration of their species.

A llawer rhagor yn yr un cywair. Y mae'n crynhoi ei sylwadau:

> From some observations I have made here, and upon other sea-coasts in north Wales, I am induced to suspect yt that Island may afford ye best entertainment for a Naturalist of all places of its extent & situation in our Country.

Yr enghraifft fwyaf trawiadol o naturiaethwr sylwgar a oedd eisoes yn y maes cyn dechrau gohebu â Lhuyd oedd Nicholas Roberts, Llanddewi Felfre, sir Benfro, a oedd yn tynnu ar flynyddoedd o sylwi ar arferion adar y môr a bywyd y glannau pan ddechreuodd anfon adroddiadau ato ym 1687. Sylwgarwch, teilwng o'r hyn a gafwyd yn ddiweddarach gan naturiaethwyr dyddiadurol mawr y ddeunawfed ganrif, sy'n nodweddu ei waith o'r dechrau wrth iddo nodi pryd y deuai adar i'r fro a phryd yr ymadawent a sut y byddent yn nythu a magu cywion ar y creigiau a'r rhosydd. Ond trwy'r cyfan ni ellir peidio ag ymglywed â'r difyrrwch pur a gâi yn ei gofnodi, hafal i'r hyn a ysgogai Lhuyd ei hun:

> I observ'd them to be much of the shape & bignesse of yt, wch wee call ye grey or corne Bunting, having short

blackish bills, & short small legs, the cocke, as I
supposed bee bigger somewhat, of a deep scarlet color.
. . . The hen had a lovely scarlet breast, & her head &
tail of a very pleasant greyish color, much like yt of a
green-finch hen or a gold-finch's back. They were ye
most lovely birds I ever saw.

Gwelwyd eisoes nad oedd Lhuyd yn ei ystyried ei hun yn
gymwys i ateb ymholiadau Robert Plot am *Historie of
Cambria* David Powel, ond prin y gellir credu nad oedd
materion hanes a hynafiaethau yn rhan o'i gynhysgaeth
ddiwylliannol yntau yn y cyfnod hwn. Ni ddeuent i'r amlwg
yn ei ohebiaeth am nad oeddynt yn rhan o'i ymchwil nac yn
ganolog yn ei ddyletswyddau yn yr amgueddfa. Eto i gyd, yr
oeddynt yn ei amgyffred, ef fel yr oeddynt yn amgyffred y
rhan helaethaf o wŷr diwylliedig y cyfnod hwn sy'n cael ei
nodweddu gan groesi ffiniau yn hytrach na chan arbenigo
cyfyng. Wedi'r cyfan, Robert Plot, yr athro cemeg a
phennaeth sefydliad ymchwil wyddonol, a fu'n holi am
Historie of Cambria. Canmoliaeth John Ray i drylwyredd a
chraffter casglu a chofnodi botanegol Lhuyd yn Eryri a
ddaeth â'r ddau at ei gilydd gyntaf, ond rhaid cofio bod gan y
botanegydd mawr hwn o Sais ddiddordeb gwirioneddol yng
ngeiriau tafodieithol gogledd Lloegr, ei fod wedi eu rhestru
yn *Collection of English Words not generally used* (1674), ac
wedi gwahodd Lhuyd i'w trafod gydag ef ac ychwanegu
atynt mewn ail argraffiad (1691). Ac er mai eu
damcaniaethau am arwyddocâd ffosilau cregyn oedd y maes
'proffesiynol' a rannai Lhuyd a Dr James Woodward, y
daearegwr o Gaer-grawnt, yr oedd y Sais hwn yn fawr (ac yn
ddylanwadol) ei ddiddordeb mewn hynafiaethau, megis yr
oedd yr hynafiaethydd mawr, William Nicholson, a oedd yn
awdurdod cydnabyddedig mewn hanes naturiol. Yn un o'i
lythyrau cyntaf at Lhuyd ym 1692, wedi crybwyll 'mettals'
a 'form'd stones' a nodi'n feirniadol farn 'a late Italian
Author', cyfeiria at ei waith yn casglu 'the Antiquites of old

Northumberland' a holi am ddefnyddiau perthynol i'r hanes yn llawysgrifau'r Amgueddfa. Ac yn olaf y mae'n addo anfon, i Lhuyd gael sylwi arnynt, restr o enwau lleoedd sy'n ymddangos yn 'Brittish'. Prif waith Lhuyd yn yr amgueddfa oedd llunio catalogau o'r casgliadau a oedd yno, ond y mae'n fuddiol cofio bod y rheini'n cynnwys llawysgrifau ac arian bath a'i fod wedi llunio catalogau ohonynt hwythau. Fwyfwy, felly, byddai ysgolheigion megis Nicholson ac eraill yn Rhydychen, yn ogystal â boneddigion ymchwilgar, yn troi ato am oleuni ar hanes Cymru ac yn arbennig ar

8 Penodwyd Lhuyd yn Geidwad Amgueddfa Ashmole, Rhydychen, ym 1691.

eiriau'r Gymraeg neu hyd yn oed ei chysylltiadau ag ieithoedd eraill. Dichon mai John Aubrey a holodd fwyaf arno, am enwau lleoedd yn arbennig, o 1691 ymlaen, a digon gwylaidd oedd ei ymateb iddo ('in regard I understand Welsh' oedd ei unig gymhwyster, meddai). Ond blagurodd ei ddiddordeb wrth iddo adeiladu ar y seiliau a oedd ganddo eisoes ac yn enwedig pan gafodd nod penodol wrth dderbyn gwahoddiad ym 1693 i adolygu'r penodau ar Gymru ar gyfer argraffiad Saesneg newydd o *Britannia* William Camden a ymddangosodd dan olygyddiaeth Edmund Gibson ym 1695. Yn groes i ddymuniad y cyhoeddwyr mynnodd fynd ar daith trwy siroedd Cymru i weld yr henebion y soniai amdanynt yn eu priod safle a lleoliad, a, hyd y gallai, i lunio ei nodiadau a'i ddisgrifiadau ar sail yr hyn a welai drosto'i hun neu a ddywedid wrtho gan bobl leol, ar lafar neu wrth ymateb i holiaduron ac mewn llythyrau. Bu'r daith yn fodd i droi ei ymwybyddiaeth â hanes ac â hynafiaetheg yn ddisgyblaeth newydd ac yn frwdfrydedd tanbaid, heintus a arweiniodd at fenter fawr a llafurus y daith bedair blynedd, o fis Mai 1691 hyd Ebrill 1701, yn casglu defnyddiau ar gyfer ymgymeriad ysblennydd yr *Archaeologia Britannica*, a fwriedid i fod ar raddfa genedlaethol yn debyg i'r arolygon sirol a oedd mewn bri yn Lloegr.

Dysgodd Lhuyd wrth weithio ar *Britannia* werth sylwebyddion lleol. Troes at y Cymry a oedd eisoes yn gohebu ag ef ynglŷn â hynodion byd natur ers dyddiau cynnar ei waith yn yr amgueddfa ac at lawer iawn rhagor o gyn-fyfyrwyr Rhydychen, yn glerigwyr a mân foneddigion, i'w cael i ddarparu deunydd addas iddo yn y maes ehangach hwn, ac y mae'n ddiddorol sylwi'r graddau y 'dyfynnodd' ef o'u llythyrau wrth gyflwyno sylwadau yn y *Britannia* newydd. Ymehangodd y cylch hwn o ohebwyr a sylwebyddion Cymreig mewn ffordd fwy trefnus fyth wrth iddo deithio Cymru yn ddiweddarach yn casglu defnyddiau ar gyfer *Archaeologia Britannica* ac yn enwedig wrth iddo

ddosbarthu holiaduron fesul plwyf tua 1696 yn fodd i
grynhoi gwybodaeth ar amrywiaeth mawr o bynciau. Yma
eto nodwedd hynod werth sylwi arni yw ansawdd cynifer
o'r sylwadau a'r ymatebion a dderbyniai Lhuyd ac fel y
tyfai'r sylwgarwch yn fwyfwy craff a miniog. Gwir fod
amryw'n dal i gael eu llygad-dynnu gan hynodion natur, ac
nid pob gŵr bonheddig a werthfawrogai waith Lhuyd. Diau
fod llawer yn ddigon tebyg i gymydog William Brewster –
'tho he has no genius towards Curiosity or any part of
Learning he is a truly honest Gentleman and a good
Huntsman' – ond pwysicach yw sylwi ar nifer ymhlith yr ail
do hwn o ohebwyr a ymatebodd i'r cais am wybodaeth a
ddeallai'n burion beth a ddisgwyliai Lhuyd a phaham, gan
eu bod eisoes yn rhannu'r un byd ag ef. Enghraifft drawiadol
o hyn oedd Francis Bulkeley o Fôn ym 1697, a ddangosodd,
wrth gydnabod derbyn ei gopïau o'r holiaduron plwyf, y
gallai yntau draethu'n bur hyddysg am y damcaniaethau
diweddaraf ynghylch tarddiad ffosilau:

> I must confess I am exceedingly pleas'd wth M^r
> Whiston's Physiology, particularly wth ye Artificiallness
> of ye designe & neatness of ye Argum^{nt}, & I am told if
> ye Newtonian prnciples prevaile, y^t itt may be like to
> meet wth some favourable acceptance.

Ac ymlaen ag ef i nodi bod 'Hypothesis' Dr Woodward yn
cytuno â damcaniaeth Whiston ond ar gynseiliau gwahanol,
yr hyn na allai ef ei dderbyn gan mor anodd ei gysoni â'r
'laws of Gravity, & ye visuall appearance of thinges',
cyfuniad o'r datblygiadau damcaniaethol diweddaraf â
sylwadaeth bersonol a fyddai wrth fodd calon Lhuyd.
Cyfeiriwyd eisoes at Nicholas Roberts ac fel yr oedd yn
sylwebydd craff ar fywyd adar y môr cyn dod i gyswllt â
Lhuyd, ond y gwir yw ei fod ef wedi hen arfer ag ateb
ymholiadau o bob math am naturiaetheg a hynafiaethau de-
orllewin Cymru. Bu'n anfon adroddiadau i John Ogilby ar

gyfer ei waith daearyddol ym 1674 (naill ai *Britannia* neu *Itinerarium Angliae*) ac yn beirniadu diffyg cywirdeb a manylder Speed a Camden. Yr un flwyddyn, ac yntau'n brifathro Ysgol Ramadeg y Frenhines Elisabeth, Caerfyrddin, bu'n ateb holiadau Christopher Wase, Argraffydd Gwasg Rhydychen, a oedd wrthi'n paratoi ei lyfr, *Considerations concerning Free Schools in England* (1678), ac er y dywedir ei fod yr adeg honno yn ddibris o lawysgrifau Cymraeg, dengys ei ddisgrifiad 'MSS. Our country is barren of excepting some few antiquated Welsh pedigrees and genealogies, imperfect chronicles and unintelligible prophecies, that lie dormant in private hands of little use (I suppose) to the advancement of the Commonwealth of real learning' ei fod yn gallu eu darllen yn ddeallus a phwyso a mesur eu gwerth i ymchwil y Sais i gyflwr ysgolion gramadeg. Rhoes ymholiadau Lhuyd ar gyfer *Britannia* Gibson gyfle iddo i barhau'r math o waith a wnaethai i Ogilby ac i ailddefnyddio a diwygio ei nodiadau a'i adroddiadau, ond rhoes iddo hefyd ffocws newydd i'w ymchwil hynafiaethol. Yr oedd, megis, yn ailddarganfod rhan o'i ieuenctid. Dangosai ei ymateb i geisiadau Lhuyd am wybodaeth am hynafiaethau o bob math mor hyddysg a phrofiadol ydoedd, wrth iddo deithio yn yr ardaloedd hyn i archwilio a thrafod planhigion, meini, arysgrifau, arferion gwerin a hanes, a rhestru'n ddeallus gasgliad o lawysgrifau hanes ym mhlas Rhyd-y-gors, Caerfyrddin; ac am ei fod yn gyfarwydd â chyfrolau Plot ac eraill ar rai o siroedd Lloegr deallai fwriadau Lhuyd cyn eu traethu ganddo yntau. Gŵr arall, gwylaidd ond gwybodus, a ddeallai safonau Lhuyd i'r dim, a hynny cyn iddynt ddechrau gohebu, oedd Richard Mostyn. Tueddu i fychanu gwerth ei gyfraniad a wnâi Mostyn, ond mewn gwirionedd yr oedd holl ogwydd ei ymwneud â thystiolaeth dogfennau hanes a henebion yn gydryw â'r eiddo Lhuyd yn ei bwyslais ar gywirdeb cofnodi a chopïo ac ar gasglu ffeithiau cyn cynnig unrhyw ddyfaliad.

Nid yw'n syndod, felly, fod Lhuyd yn rhannu llawer o'i feddyliau a'i gynlluniau ag ef. Gwell cynrychiolydd o'r hinsawdd meddyliol hynafiaethol yn gyffredinol, efallai, yw rhywun fel John Davies, Niwbwrch, Môn, hynafiaethydd lleol. Gallai gyfeirio at 'our owne Brittish Antiquaries' a defnyddiai yntau enwau lleoedd i egluro hanes. Nid yw ei ddadansoddiadau esboniadol ef ronyn llai hedegog na rhai gwŷr y prifysgolion yn ei ddydd – fod 'penrhyn' yn golygu *cold promintory*, 'for rhunn is cold in our language (agos a rhynny like to perish with cold)', neu fod Llundain yn dynodi 'a city built uppon the waters or pond' fel yr awgrymir ymhellach gan y pontydd yn Holborn a Stryd y Fleet a'r enw Strand. Nid diystyr gan Lhuyd yr esboniadau hyn oherwydd gwelai fod gan John Davies nid yn unig wybodaeth helaeth am enwau lleoedd ond ei fod yn gallu cysylltu ei esboniadau â'r tirlun ac â thystiolaeth lenyddol a hanesyddol. Yr oedd John Davies yntau wedi ei daro gan y chwiw dderwyddol ac yn canfod olion y beirdd a'r derwyddon yn helaeth ym Môn, ond dyma ŵr hefyd a allai gopïo arysgrif yn ofalus a sicrhau gosod allan fesuriadau'r safle yn fanwl. Diweddarach yw cyswllt Henry Rowlands, hynafiaethydd derwyddol mawr Môn, â Lhuyd a hawdd dilorni ei obsesiwn â hanes derwyddon yr ynys a'i syniadau ynghylch ysgrifennu hanes, ond ganddo ef y cafwyd disgrifiadau manwl, cynhwysfawr o rai o blwyfi Môn a hefyd lawlyfr ar amaethu a physgod cregyn afon Menai. Gŵr arall a ddangosai'r un doniau hynafiaethol oedd Erasmus Saunders a oedd yn fodlon teithio o blwyf i blwyf yn ei ardal yn archwilio ac yn cloddio cromlechi a charneddi, yn cofnodi arysgrifau ac yn llunio disgrifiadau o blwyfi, megis y gwnâi eraill megis Isaac Hamon yng Ngŵyr. Er nad oedd y mwyafrif o'r gohebwyr yn ddarllenwyr ac ymchwilwyr tebyg i'r rhai hyn, yr oeddynt hwythau'n gallu cyfuno yn eu llythyrau amrywiaeth o feysydd gan ddangos hefyd yr un pwyslais ar sylwgarwch manwl, personol.

Pan droes Lhuyd fwyfwy at hynafiaethau yn sgil cyhoeddi *Britannia* ac yna wrth gasglu defnyddiau'r *Archaeologia Britannica* cafodd fod y gohebwyr hyn yn hynafiaethwyr deallus a'i fod yn gallu tynnu ar hen ddiddordeb a oedd yn dal yn fyw. Ymfalchïai John Lloyd ym 1693 fod ei daid yn 'no mean Antiquarian', yr oedd Nicholas Roberts yn y maes yn y 1670au, a chynrychiolai gohebwyr Lhuyd yn niwedd y ganrif drydedd genhedlaeth.

I'r rhan fwyaf o'r ymchwilwyr hyn, megis i Lhuyd yntau, prif ddiben y disgrifio a'r cofnodi oedd crynhoi tystiolaeth am hanes y wlad a'i phobl; rhan o'r un dystiolaeth oedd enwau lleoedd, o'u dehongli'n gywir, a thraddodiad llafar. Amheus oedd Lhuyd o *Historia* Sieffre o Fynwy – a diddorol yw sylwi, er nad hon oedd yr ymagwedd gyffredin, fod rhai o'i ohebwyr yn fwy eglur eu gwrthodiad na'i gilydd: John Davies yn gorfod chwilio am esboniad arall ar yr enw Britannia, 'since there is a bill of Exclusion passd against poor Brutus', ac Erasmus Saunders wedi mynd ar drywydd dwy lawysgrif 'of ye plantation of this Island ... & they both concurd'd wth Jeffrey of Monmouth, wch made me less sollicitous of a futher enquiry after ym' – ond yr oedd croniclau, a dogfennau hanes yn enwedig, yn ddeunydd crai hanfodol. Croesawai gael ei gyfeirio at lawysgrifau ond, at hynny, sylweddolodd yn fuan y gallai gweithiau llenyddol hynafol hwythau fod yn werthfawr nid yn unig ar bwys eu cynnwys ond, o ddadansoddi eu nodweddion ieithyddol a darganfod pa 'dafodiaith' a adlewyrchid ynddynt, gellid dysgu o ba ran o Brydain y tarddasant. Yr oedd dysgu am gasgliadau o lawysgrifau ac ymgynefino â hwy yn anghenraid arno ac yma, efallai, y canfyddir nad oedd yr ymateb i'w ymholiadau mor olau ag ydoedd yn achos hynafiaethau a hynodion byd natur. Cymharol ychydig o'r gohebwyr a allai ei gyfeirio at lawysgrifau, a'r argraff a geir yw na wyddent hwy eu hunain fawr ddim am gynnwys y llawysgrifau y clywsent sôn amdanynt. Yr oedd rhywun fel

John Tibbots, Llanwrin, a chwiliai am lawysgrifau ac a allai
gyfeirio at destunau wrth eu henwau ac weithiau eu
copïwyr, yn anarferol. Llwyddodd Lhuyd i lunio rhestr o
nifer o lyfrgelloedd a bu'n ymweld â rhai ohonynt, ond yn
sylwadau ei ohebwyr ymchwilgar teimlir eisiau'r
ymrwymiad brwd a'r wybodaeth fanwl sy'n nodweddu eu
hymwneud â meysydd eraill. Eithriad oedd gŵr megis
Humphrey Humphreys, esgob Bangor, casglwr llawysgrifau
a oedd yn hyddysg yn eu cynnwys. Gan ei fod yn rhan o'r
gymuned ysgolheigaidd Gymraeg gallai Lhuyd drafod gydag
ef ei syniadau diweddaraf am gyfansoddiad geirfa'r iaith a'i
chysylltiadau. Y mae'r gwrthgyferbyniad rhyngddo ef a
Robert Davies, Llannerch, yn ddadlennol – yntau fel yr
esgob yn fotanegydd ac yn hynafiaethydd ond heb allu
darllen y llawysgrifau a grynhowyd yn llyfrgell y teulu ers
cenedlaethau. Yr oedd dod ar draws 'Llywarch Hen' a'i gyd-
oeswyr 'Myrddin Wyllt' a Thaliesin yn cynnig llwybr
ymchwil cyffrous i Lhuyd gan y gallent hwy daflu golau ar
gysylltiadau ieithyddol a hanesyddol pobloedd Brythonig yr
ynys hon yn yr Hen Ogledd, Cernyw a Chymru, fel y
soniodd mewn llythyrau at John Lloyd a Richard Mostyn.
Ond cyn y gellid gwneud 'tolerable use of them', rhaid
fyddai meistroli'r eirfa a bu'n pwyso ar Richard Mostyn i
astudio'r hen eiriau ac ar John Lloyd ac eraill i baratoi
atodiad i eiriadur John Davies, Mallwyd, neu argraffiad
newydd ohono fel y ceid arfogaeth i ddarllen yr hen
lenyddiaeth. O'i ran ef, sicrhaodd fod cyfrol gyntaf yr
Archaeologia (*Glossography*) yn cynnwys rhestr o eiriau nad
oeddynt yn y geiriadur. Coron ar ei ymchwil yn y cyfeiriad
hwn oedd darganfod englynion y Juvencus, oherwydd yma
credai iddo gael sail i'w ddamcaniaethau am gyswllt y
Gymraeg ag iaith Brythoniaid yr Alban, ond yr hyn sy'n
arwyddocaol yw na allai droi ond at ryw bump o gyd-
weithwyr i ymgynghori â hwy – David Lewis ifanc a
digoleg, Henry Rowlands ehedog ei ddychymyg, William

Baxter anfeirniadol er gwaethaf ei ddysg, John Lloyd ewyllysgar ond dibrofiad, ac yr oedd Humphrey Foulkes gymaint yn y niwl â neb. Bwriadwyd *Archaeologia Britannica* yn waith aml-gyfrol ar hanes naturiol a dynol Cymru, ac mewn cyfnod cynnar yn y cynllunio, tua 1695, yr oedd wedi penderfynu mai'r cyfrol(au) ar hanes a ddylai ymddangos gyntaf, o flaen y disgrifiad o hanes naturiol. Tebyg y byddai'r cyfrol(au) cyntaf hynny wedi cynnwys disgrifiad a thrafodaeth hynafiaethol, ynghyd ag ymdriniaeth ag elfennau enwau lleoedd Gâl a Phrydain, ond er mwyn sicrhau na châi'r dystiolaeth ieithyddol sylfaenol ei gwyrdroi mynnodd gyhoeddi yn gyntaf oll *Glossography,* sef y cyfarpar ieithyddol angenrheidiol. Gwaetha'r modd, y deunydd ieithyddol hwn a'r trafodaethau perthnasol oedd gwedd fwyaf dieithr gwaith Lhuyd i'w noddwyr, ei brynwyr posibl ac i lawer o'i gyfoedion yn gyffredinol. Yr oedd yma ddieithrwch mater ac, yn fwy trawiadol, ddieithrwch ymagwedd at iaith fel gweithgarwch i'w astudio'n wyddonol i ddarganfod ei theithi a'i rheolau. Dichon y byddai Griffith Jones, Llanrwst, wedi gallu amgyffred oherwydd sylweddolodd ef fod rhaid wrth ddisgyblaeth i esbonio enwau lleoedd a bod rhaid parchu arferion iaith:

> I have not spoke with any yt approved of Camden's Etymologie of caerhûn for Caer hên, for if it were so termed with reference to another new Caer, in such a manner of speaking, ye adjective should be put before ye substantive, & it shd. be called yr *hên* Gaer, not Caer hên: neither can I imagine, suppose it were not so, how came ye ê to be changed into an û.

Ni ellir amau nad oedd Humphrey Humphreys a Humphrey Foulkes yn gwerthfawrogi'r hyn yr oedd Lhuyd yn ei wneud oherwydd yr oeddynt hwy wedi bod wrthi'n dadansoddi elfennau benthyg yng ngeirfa'r Gymraeg ac yn rhannu yn ei syniadau. Eithriadau oeddynt hwy, ac mewn gwirionedd yr oedd Lhuyd yn gwthio ei ymchwil ieithyddol ymhellach na dadansoddi enwau lleoedd a geiriau cytras. Byddai'r cyfrol(au) arfaethedig ar hynafiaethau, henebion, dogfennau, enwau lleoedd a'r hen farddoniaeth wedi dangos perthnasedd yr astudiaethau iaith, ond gyda marw annhymig Lhuyd gadawyd *Glossography* yn ddigyswllt a pharhâi yn annealladwy ac yn annirnadadwy, yn enwedig i'r rhai nad oeddynt wedi darllen cyfrolau tebyg, megis y rheini ar Hen Saesneg, Lladin a'r Ffrangeg.

Er gwaethaf y dieithrwch ieithyddol ac, i raddau llai, y dieithrwch llenyddol hwn nid oedd Lhuyd yn gweithio mewn gwagle diwylliannol yng Nghymru oherwydd adlewyrchid ei ddiddordebau ef i wahanol raddau ymhlith boneddigion a chlerigwyr. Ond nid oes amheuaeth, er hynny, nad oedd ef yn ysbrydoliaeth barhaol iddynt a'i fod wedi gallu lledu eu gorwelion trwy eu dwyn i gyswllt ag awduron ac ymchwilwyr cydnabyddedig. Os oedd Robert Humphreys yn archwilydd yn y maes mor gynnar â 1687, y mae'n drawiadol ei weld yn dal i ohebu yr un mor frwd â Lhuyd ym 1701 a heb golli dim o'i awch i astudio bywyd naturiol ei fro, a'i fod erbyn hynny yn adnabod gwŷr megis Jacob Bobart yn Rhydychen a William Sherard ac yn cyfnewid hadau a phlanhigion â hwy. I'r dynion hyn a ohebai â Lhuyd ac a gyfrannai at ei ymchwil yr oedd y cyswllt ag ef yn hanfodol gan mai ef a roddai gyfeiriad a nod i'w chwilota. Gwelai Rowland Gwynne, Caerfyrddin, eisiau cyfarwyddyd a chymorth cymdeithion Lhuyd wrth geisio disgrifio'r hyn a ddarganfu mewn ogof yn y fro ym 1697: 'I'le endeavour to preserve some of the Isicles according to ye direction, but I wish some one of y^r company would have viewed this cave & assisted me.' Yr oedd gan Lhuyd y fantais o allu rhoi ei sylw'n gyfan gwbl i'w ymchwiliadau ac yr oedd yn feunyddiol yn troi ymhlith arweinwyr y meysydd hyn neu'n trafod y materion gyda hwy trwy gyfrwng ei lythyrau a chyda'r gwŷr ifainc a oedd yn gymdeithion iddo ar ei deithiau ymchwil. Llwyddai i hyfforddi'r gwŷr lleol a meithrin ynddynt ymwybyddiaeth o'i agweddau ef ei hun – llawenydd iddo fyddai eu gweld yn prifio i fyd yr ymchwilydd yn eu sylwgarwch a natur eu cwestiynu – ond yr oedd dyhead Rowland Gwynne am gwmni yn tanlinellu mor fregus oedd y dull (anorfod) o weithio y bu rhaid i Lhuyd ei fabwysiadu. Gallai dynnu ar ddiddordebau diwylliannol y boneddigion a'r clerigwyr hyn a gallai eu symbylu i arddel ei safonau a'i fethodoleg, ond ni allai fod yn sicr y parhâi eu cyswllt ag ef, ac yn niffyg y cyswllt hwnnw ni allai warantu y byddent yn dal i gynnal safon ei ymchwil ef.

Nid oedd yng Nghymru na phrifysgol na chanolfan o unrhyw fath lle y gallai gwŷr dysg ac ymchwilwyr ymgymysgu a thrafod eu gwaith, fel yr oedd Lhuyd wedi arfer ei wneud yn Rhydychen ac yn Llundain. Hanfod prifysgol a chymdeithas ddysgedig yw eu bod yn meithrin to ar ôl to o weithwyr sy'n mabwysiadu'r un delfrydau ac ymagweddau, a cheisiodd Lhuyd warchod hynny yn ei waith yntau. Fel y cawsai ef ei feithrin gan Robert Plot pan aeth i Rydychen gyntaf, ceisiai yntau benodi Cymry ifainc i staff yr Amgueddfa a fyddai, yn anffurfiol, yn gartref i'r astudiaethau Cymreig a ddechreuwyd yn y *Britannia* ac a ddatblygodd trwy gyfrwng y *Parochial Queries* a'r *Archaeologia Britannica* arfaethedig. Bu ganddo dros y blynyddoedd nifer o gynorthwywyr – Cymry deallus gan mwyaf, a gâi swyddi (o ryw fath) yn yr Amgueddfa ac a hyfforddai'n drwyadl – ond nid oedd yn bosibl sicrhau olyniaeth gan nad swyddi parhaol mo'r rhain a byddai rhaid i'r cynorthwywyr, yn hwyr neu'n hwyrach, chwilio am fywiolaethau neu ysgolion. Oni bai eu bod yn cael lle yng Nghymru ac yn dal i ymddiddori yn y meysydd hyn, collid yn gyson brofiad a sgiliau bechgyn megis Hugh Jones a aeth yn gaplan i Maryland ym 1695, Hugh Griffith a aeth yn gurad i Basingstoke ac amryw o rai eraill. Câi Lhuyd siom

Archæologia Britannica,

GIVING SOME ACCOUNT

Additional to what has been hitherto Publiſh'd,

OF THE

LANGUAGES, HISTORIES and CUSTOMS

Of the Original Inhabitants

OF

GREAT BRITAIN:

From Collections and Obſervations in Travels through
Wales, Cornwal, Bas-Bretagne, Ireland and *Scotland.*

By EDWARD LHUYD M.A. of *Jeſus College,*
Keeper of the ASHMOLEAN MUSEUM in OXFORD.

VOL. I.
GLOSSOGRAPHY.

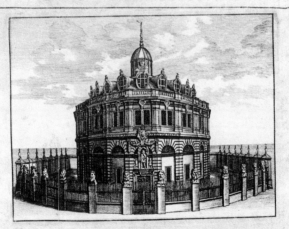

OXFORD,
Printed at the THEATER for the Author, MDCCVII.

And Sold by Mr. *Bateman* in *Pater-Noſter-Row, London* : and *Jeremiah Pepyat*
Bookſeller at *Dublin.*

9 Wynebddalen *magnum opus* Lhuyd, sef y gyfrol gyntaf o *Archaeologia Britannica* (1707).

TIT. II.

PRIMARUM BRITANNIÆ ET HIBERNIÆ LINGUARUM HARMONICON:

A

COMPARATIVE VOCABULARY

OF THE ORIGINAL LANGUAGES

OF

BRITAIN and IRELAND.

In the following Vocabulary, besides the words of Affinity; others for the Satisfaction of the Curious in Languages are frequently inserted, that have no Analogy at all; and (as elsewhere throughout this Book) the words thus † distinguished, are now Obsolete.

A.

A, ab, abs; W. o, ygan, iurth; *From, by.* Arm Digant; Ir. ó, a, úa. C.a, Uorth.

Abavus, W Hendaid, hén daid; *The great Grand-father's Father.* †C. Hengog, Hendat [avus] A. Tat diou.

Abbas, W. Abad, *An Abbot.* C. & A. Abat, Ir Ab.

Abies, C. Zaban, † Sibuydh & Aidhlen; *A Fir-Tree.* A. Sapin, W. † Fynniduydh.

Abramis, C. Ziu [plur. Ziuion] *A Greater sort of Bream,* & Lobmaz, *a Lesser.*

Abfinthium, C. Felen & † Fuelein, *Wormwood.* A. iuelen, W. Uermod, Ir. Burbun, barymotr, *Scot. Sept.* Buramad.

Abfolvo, W .Gorphen, *To Finish.* A. Penraxevi, dont a ben eus, accomplissaf. Ir. Kriznayim.

Abundantia, A. Fonn; *Plenty,* &c. Ir. Fonai, *Enough.*

Accipio, W. Kymeryd, *To take,* A. Kemeret, C. Dho Kymeraz. Ir. Glacam.

Accipiter, S.W.Hebog, *a Hawk;* Ir. Sheavok, C. Kryflat & † Biden, Faucun N. W. Gualz.

Accufo, W.Kyhydho, azuyn, *to Accuse,* C. Dho zyhydha, A. Axys & accufi, Ir. zearanaim, ionlayim, éagnayim.

Acer, eris; N.W. Kynhoulen, *Glam.* zuenuialen, *A Maple,* A.[& Fr.] Erapl.

Acervus, W. Krig, *A Heap,* Ir. Krûaz, *a Rick,* as of *Corn, Hay, Turf,* &c. A. & † C. Bern, [W. Bryn & Brynkyn, *a Hillock* †W. & Ir. Karn, *a heap of Stones,* &c. Acicula, A. Spillen [plur Spil-

A.

lou] *A Pin.* C. Skinan, Ir. Biran, dealgan. W. Pin, Nodwydh ben.

Acies, W. Min, aux, *An Edge;* C. Min, fyvar, A. Lem, drem, barven. W. Lhym & lhem, [*Acutus*] & drem, [*Facies.*]

Actus, ûs; m. W. Gueithred, *An Act or Deed,* A. Gret, ober; C. Ober, guil & gurey, *facio;* unde † W. gorig, *fecit,* & Scot. Gar, *facere;* Ir. Gnivadh, Deanadh.

Aculeus, W. Kollyn, *A Sting;* A. Koloen guenan, Aculeus apis; C. Guàn, Ir. Gâ, dealg.

Acuo, W. Hozi; lhivio, lhym-my; *To Whet or Sharpen;* A.Lemma; C. Dho lebma, Ir. zéarayim, fyvrayim, livam.

Acus, eris; N. W. Kol, *Chaff.* Ir. Kailleaz, Kaith; A. Pell.

Acus, ûs; f. W. Nodwydh, *A Needle;* Nadzhedh, A. Nados. Ir. Snathad. W. Môr-Nodwydh, *a Needle-Fish, a Gar;* C. zirak.

Acutus, W. Lhym, auzys, miniog, *Sharp;* A. Lem, C. Lemmys. Ir. zér; † aith, † feigh, † azar, † aizear.

Ad, W. At, i, *To;* C. Dho, A. Bet. Ir. Go, a, ann.

Adeps, ipis; m. & f. W. Brafder, Guer, bloneg, Saim; *Fat,* *Tallow, Grease;* C. † Blonek, A. Blonnek,blonneguen, lard. Ir.Saill. blainik.

Adhue, W. Etto, † etua; *Yet,* C. Huàth; A. Hoâz. Ir. Go readh, go foill.

Adiantum,W.Guàlht y voruyn, brizer Guener, gualht Guener, guàlht y dhaiar, *The Herb Mayden-hair;* Ir. Dûv-xofaz, q. d.W. Dygoefog; *Black-shank.*

A.

Adolescens, W. † Guâs, Lhank, gur ivank, Dyn ivank,&c. *A Youth;* C. Iynkar, Dên iynk; A. Goâs, plur. goafet; Ir. Oganaz, oighear.

Advena,W.Alhdyd,Eftron,Dyn dieithr, *A Stranger,* C. Dên unzut, A. Eftren, Ir. Eaxtrannaz, Coividheax, Coigriyeax.

Adversus, W. Ar zyver; *Foreright, opposite,* &c. Ir. ó kovar, o xoinne, A. An ty diereb.

Adulter, W. Hokrelhur, Godinebur, *An Adulterer,* A. Avoultr, Ir. Adhaltraidhe.

Ædifico, W Adeilady, *To Build,* A. Barissa, Edifia, C. Dho dereval. Ir. Foirgnyim.

Æger, W. Klâv, kluyvys, *Sick;* C. Klâv, A. Klanvys, maladif, Ir. Tin; easlann † Ningir † Tiaxair, † Fovair.

Æqualis, W. Kydradh, ky-vyrdh,gozyvyrdh,kystal; *Equal;* A. Ingal, par; Ir. Kovxovtbrom, Kovzofvail. Kovhavail.

Æquus, W. Guaftad, iaun, Ky-uyr; Têg; *Even, Just, Fair.* C. Têg; A. Reiz; Ir.kovthrom, koir, keart.

Aër, aeris; m. W. Auyr, auel, xuâ, C. Air † Auyr, A. ear; Ir. Acar, aidheoir.

Ærarius, W. Eyryz, *A Brasier,* *a Tinker.* C. †Gueithiur Kober, Ir. Uvaire.

Ærugo, W. Rhûd, *Rust;* A. Mergl, Ir. Meirg.

Æs, eris; N. W. Pres, Kopr, evidh, lettun, elydr; *Brass, Copper,* C. Breft, Kober, A. Letun, Kuevr. Ir. Prais, ûva, Koper, † Iris.

Æftas, W. Hâv, *Summer;* C. Hâv·

L

weithiau fod bechgyn addawol yr oedd wedi gweld ynddynt ddefnydd olynwyr posibl iddo yn methu parhau yn y tîm, neu hyd yn oed ymuno ag ef, am resymau gwahanol, teuluol yn aml; a theimladau digon tebyg a fyddai gan y bechgyn eu hunain.

Gŵr ifanc hunanfeddiannol a galluog oedd William Rowlands a ddechreuodd ysgrifennu at Lhuyd ym 1694. Yn ei lythyr cyntaf ato (yn Lladin) y mae'n copïo arysgrifau, yn sôn am ffosilau a phlanhigion mynyddig ac am lawysgrif sy'n cynnwys *cambro-britannicam grammaticam Hugo Machno*. Ym 1695, yn Gymraeg ac yn Saesneg, mynega'r awydd i 'gaffael athroniaeth' ynghylch cerrig ffosilau a disgrifia ei daith i Gaer-grawnt a'r hynodion natur a welsai, ynghyd â sylwadau ieithyddol; a'r flwyddyn honno ymddengys ei fod ef a Lhuyd wedi dod i gytundeb ynghylch ei hyfforddiant a'r bwriad i ddysgu mathemateg ac arlunio iddo. Ato ef, yn ddiau, y cyfeiriai pan ddywedodd wrth Richard Mostyn ym 1695: 'I already have an eye on one whom I think fit for the purpose, and also very desireous of such employment.' Ni ddigwyddodd hynny ac, er iddo barhau mewn cyswllt â'i athro, troi i gael ei ordeinio ac i gymryd bywoliaeth a fu rhaid. Ym 1703 rhoes gynnig i ŵr ifanc arall addawol iawn, David Lewis, Llanboidy. Y mae ei lythyr cyntaf (a gadwyd) at Lhuyd ym 1702 yn byrlymu â gwybodaeth am eiriau tafodieithol, llawysgrifau a dogfennau eraill, arian bath, addewid am gopi o gyfreithiau Hywel Dda a sôn am ddyddiadur tywydd a disgrifiadau o bedwar plwyf, ac arwydd o barch Lhuyd tuag ato yw ei fod yn un o'r ychydig Gymry y gallai ymgynghori ag ef ynghylch ystyr englynion y Juvencus mewn Hen Gymraeg. Daethant i ddealltwriaeth â'i gilydd fis Medi 1703, ond dan bwysau ei deulu bu rhaid i David Lewis yntau dynnu'n ôl ddechrau'r flwyddyn wedyn. Ni chollodd ei ddiddordeb na'i gyswllt â Lhuyd oherwydd fis Tachwedd 1708 ysgrifennodd ato i ddweud iddo ddarllen geirfa Lydaweg y *Glossography*

COFRESTR

O'R HOLL

Lyfrau Printjedig

GAN MWYAF

A GYFANSODDWYD

YN Y

Faith Gymraeg,

NEU

A gyfjeithwyd iddi hyd y Flwyddyn 1717.

Pauperis eſt numerare Pecus. *Jrid.*

Printjedig yn *Llundain*, gan Brintwyr y
Brenin, 1717.

11 Wynebddalen llyfryddiaeth enwog yr hynafiaethydd Moses Williams
(1685–1742).

yr oedd Moses Williams wedi ei hanfon mewn proflenni at ei dad, Samuel Williams, a'r un pryd yn adrodd hanes *thunderbolt* a ddisgynnodd yn yr ardal. Dyma ddau a allasai fod wedi gwneud cyfraniad nodedig, hafal i'r hyn a gyflawnodd dau o gynorthwywyr Lhuyd, David Parry a Moses Williams, a gyfrannodd adrannau i'r *Glossography.* Trwy gyfrwng gwŷr fel y rhain, yn gynorthwywyr a 'disgyblion' iddo, y bwriadai ddiogelu ei waith a'i fwriad yng nghyd-destun academaidd, ffurfiol Rhydychen:

> not onley to assist me in this undertaking, if it please God I should live to goe thorow with it; but perhaps to finish it as well or better then my self, if it should happen otherwise.

– a hynny mor gynnar â 1696. Yr oedd cymal arall i barhad y gwaith. Yng Nghymru ei hun creodd garfan o unigolion a allai fod yn gyswllt â'r ysgolheigion wrth eu proffes. Ef oedd yn eu cymell ac yn awgrymu pynciau iddynt, a thrwy eu gohebiaeth ag ef fe'u gorfodai i archwilio pob tystiolaeth yn fanwl ac i lunio disgrifiadau gwrthrychol a sylwadau cytbwys. Hwy a fwydai'r ysgolheigion â'r data angenrheidiol, a Lhuyd fyddai ffocws eu chwilota a safon eu disgyblaeth. Ond cam â pharch Lhuyd atynt fyddai ystyried y garfan 'Gymreig' hon yn ddim mwy na chasglwyr ffeithiau a ffynonellau gwybodaeth ar gyfer gwŷr academaidd. Ymgynghorai Lhuyd â rhai ohonynt a rhannu ei syniadau â hwy, yn enwedig ar faterion ieithyddol. Dyma, felly, egin cymdeithas ddysgedig, na fyddai'r 'aelodau' odid byth yn cyfarfod, efallai, ond a glymid ynghyd gan eu perthynas â Lhuyd a'u cynorthwyai i feithrin y diddordebau eang a oedd eisoes yn eu diwylliant ac a'u gwnâi'n gyfryngau i ledaenu syniadau a dulliau newydd o ymchwil yn y gymdeithas ddiwylliadol a dylanwadol yng Nghymru.

Pan fu farw Lhuyd ym 1709 yn 49 mlwydd oed yr oedd ei gynorthwywyr wrthi'n copïo dogfennau hanes mewn

12 Dadorchuddiwyd cerflun o Edward Lhuyd gan Mr Dafydd Wigley AC y tu allan i Ganolfan Uwchefrydiau Cymreig a Cheltaidd Prifysgol Cymru yn Aberystwyth ym Mehefin 2001.

llyfrgelloedd yn Llundain, ac ar y cyntaf gellid bod wedi
disgwyl y byddai ei ofal rhagbaratoadol yn llwyddo i sicrhau
parhad y weledigaeth. Penodwyd David Parry, is-geidwad yr
Amgueddfa ac un o'i gynorthwywyr mwyaf profiadol a
galluog, un a oedd wedi cyfrannu adran bwysig y 'British
Etymologicon' i *Glossography*, yn Geidwad i olynu Lhuyd,
ond buan yr amlygodd y gwendidau hynny a barodd ei fod
yn fethiant hollol yn y swydd – yn feddwyn anonest a
gollasai bob parch a oedd iddo yn Rhydychen. Gyda'i farw ef
ym 1714 diflannodd unrhyw obaith am barhau gwaith
'Celtaidd' Amgueddfa Ashmole ac agweddau botanegol a
daearegol Lhuyd a gafodd sylw'r sefydliad. Moses Williams a
fyddai debycaf o gydio yng nghynlluniau Cymreig ei feistr.
Yr oedd yntau wedi cyfrannu gramadeg a geirfa Lydaweg i
Glossography ac ni ellir amau nad oedd ef yn fwy gwybodus
yn hanes llên Cymru nag oedd Lhuyd gan ei fod ef yn
rhannu yn niwylliant cyfoethog dyffryn Teifi dan
gyfarwyddyd ei dad, Samuel Williams. Gwahanol hefyd
oedd ei gyswllt â'r Gymraeg. Yr oedd profiad Lhuyd o
wahanol weddau ar yr iaith a'i thafodieithoedd yn llawer
helaethach na'r eiddo Moses Williams, ond er bod ei afael ar
y Gymraeg yn gwbl sicr ac y gallai ei defnyddio at amrywiol
ddibenion, pan gyfaddefodd wrth Richard Mostyn ym 1707
fod Williams 'much more conversant than I in printed
Welsh', cydnabod yr oedd ei ddiffyg profiad o Gymraeg
llenyddol ac o lyfrau Cymraeg. Gwelir gogwydd meddwl
Williams yn eglur nid yn unig yn y geirfâu amrywiol y bu'n
eu llunio ond yn ei gyhoeddiadau a'i gynlluniau ei hun,
megis yn ei *Proposals* i argraffu casgliadau o ysgrifeniadau
Cymraeg o'r cyfnodau cynharaf hyd yr unfed ganrif ar
bymtheg, ei 'fynegeion' i weithiau beirdd wrth eu henwau, y
Cofrestr o'r Holl Lyfrau Printiedig (1717), a'i ymdriniaeth
â'r trioedd, cynlluniau a oedd eisoes wedi eu crybwyll gan
Lhuyd neu a oedd yn ymhlyg yn ei waith. Ond ni feddai
Moses Williams gysylltiadau cymdeithasol nac academaidd

dylanwadol Lhuyd ac nid oedd ganddo ffon fara na chefnogaeth i'w gynnal yn yr astudiaethau yr ymddiddorai ynddynt.

Ni ddiflannodd dylanwad Lhuyd ar unwaith oherwydd, fel y gwelwyd eisoes, yr oedd y diddordebau amrywiol hyn wedi gwreiddio yn niwylliant llawer o foneddigion, clerigwyr ac ysgolfeistri. Ni chollwyd yr ymwneud â hynafiaethau fel agwedd ar hanes lleol (ac felly deuluol) a Chymreig a pharhaodd gweithgarwch hynafiaethol rhai o foneddigion Morgannwg (yn arbennig) – lle y dechreuodd y gefnogaeth ymarferol i Lhuyd ym 1695 – ymlaen hyd tua chanol y ddeunawfed ganrif. Ond wrth i gyfeillion a chydweithwyr Lhuyd heneiddio ac wrth i'r ymddieithrio oddi wrth y diwylliant Cymraeg gynyddu ymhlith y boneddigion, gwelir y dosbarth 'canol' mwy Cymreigaidd eu cefndir yn llywio ac yn dylanwadu fwyfwy ar y gweithgarwch diwylliannol ac ymchwilgar nes iddynt, ar un olwg, lwyddo trwy gymdeithasau Cymreig y ddeunawfed ganrif i ddod â hynafiaethau, hanes a llenyddiaeth Gymraeg at ei gilydd mewn ffordd na wnaethai Lhuyd. Lewis Morris yw'r enghraifft egluraf o barhad dylanwad Lhuyd yn y llinyn arian sy'n cysylltu gweithgarwch diwedd yr ail ganrif ar bymtheg a chymhellion ei *Celtic Remains* (*c*. 1757 ond anghyhoeddedig tan 1878). Ond ef hefyd, yn ei gynefindra â'r traddodiad llenyddol a'i feddiant ohono, sy'n amlygu'r newid pwyslais sy'n canfod gwerth astudio llenyddiaeth Gymraeg er ei mwyn ei hun ac fel sail i ymfalchïo yn nhystiolaeth y traddodiad yn hytrach nag fel ffynonellau hanes. Yng nghylch y Morrisiaid y ceir yr enghraifft fwyaf trawiadol o barhad dylanwad Lhuyd ar unigolion. Ym 1745 bu David Lewis, Llanboidy, yn gohebu â Lewis Morris ac yn cyflwyno iddo yr un math o wybodaeth ag a wnaethai ddeugain mlynedd ynghynt i 'the great Edward Lhwyd', gan ychwanegu'n hiraethus, 'I was in the 20th year of my age discouraged from travelling with Mr Llwyd who was for me'. Y mae'n anodd credu nad oedd eraill hefyd heb elwa ar eu hyfforddiant yng nghwmni Lhuyd yn ystod y 1690au. Diau mai dylanwad Lewis Morris sydd i'w weld ym 1751 yn *Gosodedigaethau* Anrhydeddus Gymdeithas y Cymmrodorion, yr ymgais honno i sefydlu cymdeithas ddysgedig Gymreig debyg i'r Gymdeithas Frenhinol a Chymdeithas Hynafiaethwyr Llundain. Ni wireddwyd y bwriadau hyn sy'n adleisio mor eglur rychwant gwaith Lhuyd, ond ni chawsant eu hanghofio ychwaith gan iddynt ymddangos eilwaith yng nghynlluniau'r Gwyneddigion (1771) a'r cymdeithasau taleithiol (1818 ymlaen). Porthid ymwybyddiaeth o waith Lhuyd wrth i'r cylchgronau newydd, *Cambrian Register* (1795, 1796, 1818) a *Cambro-Briton* (1819–22), gyhoeddi rhai o lythyrau Lhuyd a hynafiaethwyr eraill a neilltuo gofod yn gyson i gyflwyno ymdriniaethau ar lawer agwedd ar y traddodiad Cymreig a'i hanes, er gwaethaf y llygru a oedd yn digwydd i'r ddealltwriaeth o wir natur y traddodiad llenyddol a hanesyddol oherwydd bri 'derwyddiaeth', ffugiadau Iolo Morganwg a'r datblygu a fu ar syniadau fel hyn. Ar drywydd mwy cadarnhaol, ymchwil Lhuyd i'r llawysgrifau, ei restrau a'r copïo a ysbardunodd ac a symbylodd Moses Williams, a ddechreuodd ddwyn ffrwyth yng ngweithgarwch Evan Evans (Ieuan Brydydd Hir), ac sy'n cysylltu'r ddau *Archaeologia,* wrth i'r *Myvyrian Archaiology of Wales* (1801, 1807) gyda'i deitl atseiniol, gyflawni'r hen fwriadau llenyddol a hanesyddol. Gormod fyddai honni bod holiaduron Lhuyd a'r disgrifiadau o blwyfi a luniwyd gan amryw o'i ohebwyr yn sail i fri hanes lleol yn ail hanner y bedwaredd ganrif ar bymtheg. Arall yw llwybr y llyfrau hanes plwyfi a ymddangosodd o tua 1887 ymlaen, ond yn rhywle ar y llwybr hwnnw saif y 'Parochial Histories' a'r 'Topographical Notices' a gyhoeddid yn y *Cambrian Register* a'r *Cambro-Briton* (amryw ohonynt gan Gwallter Mechain) sy'n deillio o batrymau a gwaith Lhuyd.

Parhawyd hefyd i drafod pynciau ieithyddol ond yma, i fwy graddau nag unman arall, gwelir y teneuo yn ansawdd yr ymdriniaethau sy'n nodweddu'r meysydd eraill yn ogystal. Gwir fod pwyslais Lhuyd ar yr angen i ddeall yr hen lenyddiaeth a'i anogaeth i'w gyd-weithwyr i lunio geirfâu a geiriaduron wedi dwyn ffrwyth yng ngweithgarwch amryw o wŷr y ddeunawfed ganrif, rhai ohonynt fel William Gambold ac Erasmus Lewes yn hen gydnabod iddo. Yr oedd Moses Williams – yn y maes hwn hefyd, fel yn y meysydd llenyddol – yn dilyn Lhuyd yn uniongyrchol trwy baratoi geirfâu o fwy nag un math ac yn ymgysylltu ag ysgolheigion eraill yn ei ymdrech i lunio argraffiadau newydd o eiriadur ac o ramadeg John Davies, Mallwyd. Ond y disgybl a allasai fod wedi datblygu gwaith ieithyddol Lhuyd orau fuasai'r anffodus David Parry. Iddo ef yr ymddiriedwyd paratoi'r 'British Etymologicon' yn *Glossography* lle y mae'n dangos ei allu i dynnu ar eirfa mwy nag un iaith Ewropeaidd ac yn ei gwneud yn eglur ei fod wedi deall egwyddorion dadansoddi geirdarddol gofalus Lhuyd, fel y cadarnhaodd ef yn ei gyflwyniad i'r adran hon. Dangosodd Caryl Davies yn ei llyfr *Adfeilion Babel* (2000) fel y parhaodd rhai o ddisgyblion a chyd-weithwyr Lhuyd i ymhél â'r materion hyn, ond ni feddent hwy ei ddisgyblaeth lem ef a gwelir eisoes ynddynt hwy hadau'r symud i gyfeiriad dadansoddiadau arwynebol dychmygus ac i ddamcaniaethu 'idealaidd' ynghylch tarddiad a strwythur ystyr mewn iaith. Bu rhaid disgwyl tan y bedwaredd ganrif ar bymtheg cyn i ieithyddion ailgydio yn yr ymchwil am reoleidd-dra cyfnewidiadau seinegol a seiliau cydgyswllt ieithoedd â'i gilydd. Olynydd cyntaf Edward Lhuyd yr ieithegydd yng Nghymru (a'r tu allan, mae'n siŵr) oedd John Rhŷs yn ei *Lectures on Welsh Philology* (1877). Ar dudalennau llyfr Rhŷs y daeth John Morris-Jones gyntaf ar draws enw Lhuyd, ac er iddo wneud iawn am hynny trwy gymryd Lhuyd yn bwnc ei ddarlith agoriadol ym Mangor ym 1893 a chyhoeddi'r astudiaeth Gymraeg gyntaf o'i waith ieithyddol yr un flwyddyn, nid anwybodaeth John Morris-Jones sy'n arwyddocaol ond y ffaith fod Lhuyd gymaint o flaen ei oes fel na chafodd olynydd am yn agos i ddwy ganrif.

DARLLEN PELLACH

Caryl Davies, *Adfeilion Babel: Agweddau ar Syniadaeth Ieithyddol y Ddeunawfed Ganrif* (Caerdydd, 2000).

John Davies, *Bywyd a Gwaith Moses Williams (1685–1742)* (Caerdydd, 1937).

Frank Emery, *Edward Lhuyd, F.R.S., 1660–1709* (Caerdydd, 1971).

R. T. Gunther, *Life and Letters of Edward Lhwyd, Early Science in Oxford*, XIV (Rhydychen, 1945).

J. Philip Jenkins, 'From Edward Lhuyd to Iolo Morganwg: the death and rebirth of Glamorganshire antiquarianism in the eighteenth century', *Morgannwg*, XXIII (1979).

R. T. Jenkins a Helen M. Ramage, *A History of the Honourable Society of Cymmrodorion and of the Gwyneddigion and Cymreigyddion Societies 1751–1951* (Llundain, 1951).

Bedwyr Lewis Jones, 'Yr Hen Bersoniaid Llengar' (Penarth, 1963).

Hugh Owen (gol.), *Additional Letters of the Morrises of Anglesey (1735–1786)* (2 gyf., Llundain, 1947–9).

Brynley F. Roberts, 'Edward Lhuyd y Cymro', *Cylchgrawn Llyfrgell Genedlaethol Cymru*, 24 (1985–6).

G. J. Williams, *Agweddau ar Hanes Dysg Gymraeg* (Caerdydd, 1969).

CHWARAEON TYMHOROL YNG NGHYMRU CYN Y CHWYLDRO DIWYDIANNOL

Emma Lile

A phob rhyw foliog Berson a'i drwyn wrth gynffon Mul,
Mwy hyddysg ar y chwareu, na'r Salmau ar y Sul.

Gwahoddiad i Adferiad Gwylmabsant Bangor (1841)

Yn y ddeunawfed ganrif a dechrau'r bedwaredd ganrif ar bymtheg y tymhorau a benderfynai pryd a sut y byddai'r Cymry yn chwarae. Byddai adloniant diwrnod gŵyl yn seibiant pleserus o'r llafur caled beunyddiol ac yn gyfle prin i bobl i ymlacio a mwynhau eu hunain. Dathliadau seciwlar, a oedd yn ddibynnol ar droeon natur a'r tywydd, a geid yn wreiddiol, ond fe'u mabwysiadwyd gan yr eglwys i goffáu dyddiadau pwysig yn y flwyddyn Gristnogol. Gwneid hyn drwy gymysgedd o addoli ac adloniant, gyda dynion a merched, hen ac ifanc, yn cymryd rhan mewn amrywiol gampau athletig. Diwylliant cymunedol ydoedd ar gyfer unigolion o bob cefndir, ac er mai'r werin-bobl a gymerai'r rhan amlycaf yn y gweithgareddau byddai'r bonedd hefyd yn aml yn bresennol.

Ni allai plwyfolion fwynhau'r difyrrwch hwn gydol y flwyddyn oherwydd galwadau gwaith ar y tir. Byddai'n rhaid aros, felly, tan y gwyliau eglwysig pan glustnodid amser penodol ar eu cyfer. Y pwysicaf o'r rheini oedd y Pasg, y Sulgwyn a'r Nadolig. Yn ogystal â'r gwyliau hyn, un o brif atyniadau'r calendr oedd dathliadau'r mabsant: cynhelid gwasanaeth crefyddol boreol a threfnid chwaraeon a gwledda o gwmpas y fynwent yn y prynhawn. Yr oedd yr eglwys yn ganolbwynt adloniant y gymdeithas gyn-ddiwydiannol nid yn unig am resymau crefyddol ond hefyd am ei bod yn fan cyfarfod cyfleus. Cyn dyfodiad meysydd chwarae pwrpasol, defnyddid llecynnau agored yn y gymdogaeth i gynnal cystadlaethau, a byddai caeau a heolydd tyrpeg, yn ogystal â mynwentydd, yn fannau chwarae poblogaidd.

Ceid ystod eang o chwaraeon tymhorol yng Nghymru yn y cyfnod cyn-ddiwydiannol, a byddent yn denu llu o chwaraewyr a chefnogwyr. Yn gemau ar gyfer timau neu ar gyfer unigolion, ceid cyferbyniad rhwng y digrif, megis dringo polyn seimllyd, a chystadlaethau lledwenu, a'r mwy

73

13 Chwarae pêl ar y Sul: darlun yn Peter Roberts, *The Cambrian Popular Antiquities of Wales* (1815).

difrifol, megis rasys clwydi ac ymaflyd codwm. Ond, yn gyffredinol, gellir dweud mai'r un math o gemau a welid ledled y wlad, gydag ychydig o amrywiaeth, er enghraifft, yn nifer y chwaraewyr neu ym maint y cae chwarae. Er bod rhai gweithgareddau, megis ymladd ceiliogod, yn agored i bob dosbarth cymdeithasol, neilltuid eraill, megis saethu a hela llwynogod, i foneddigion yn unig. Byddai'r chwarae yn gyfle iddynt i arddangos eu cyfoeth drwy brynu ceffylau drud a mynychu ciniawau a dawnsfeydd wedi'r cystadlu.

Ymhlith y chwaraeon a apeliai fwyaf at ein cyndeidiau yr oedd campau yn ymwneud ag anifeiliaid. Cynhwysai'r rhain naill ai gystadlaethau rasio neu ornestau ymladd, ac nid oedd dim gwell gan wylwyr nag ymryson gwaedlyd. Ceid baetio teirw, ymladd cŵn a hela llwynogod yn aml ar achlysuron megis y Nadolig a'r Calan, a hyd nes y deddfwyd yn ei erbyn yn y bedwaredd ganrif ar bymtheg yr oedd ymladd ceiliogod yn ddigwyddiad cyffredin mewn pentrefi drwy Gymru benbaladr. Cynhelid yr ymrysonfeydd ceiliogod pwysicaf adeg y gwyliau mabsant a thros y Pasg, yn aml mewn mynwentydd, lle y paratoid bwyd a diod i'r gwylwyr ac eisteddleoedd pwrpasol ar eu cyfer o amgylch y talwrn. Cyn cystadlu hyfforddid y ceiliogod yn drylwyr drwy eu rhoi ar ddeiet arbennig, trwsio eu plu, torri eu crib, a gosod ysbardunau dur ar eu traed ar gyfer y frwydr. Byddai ennill brwydr yn gamp aruthrol nid yn unig i'r ceiliog ond hefyd i'r perchenogion, a derbynient glod mawr gan eu cymdogion am eu llwyddiant.

Elfen amlwg arall yn y chwaraeon tymhorol oedd gemau pêl o bob math. Byddai'r gêm a enwid yn 'chwarae pêl' yn boblogaidd iawn ar y Sul ac ar ddyddiau gŵyl. Gêm ydoedd ar gyfer dau neu fwy o bobl, a byddai'r cystadlu'n dechrau drwy i un ohonynt daflu'r bêl yn erbyn wal yr eglwys. Fe'i bwrid yn ôl gan wrthwynebydd â'i law, a pharhâi'r rali nes i un ohonynt fethu. Byddai'r sgôr yn cael ei naddu ar bren pwrpasol. Yn ôl Peter Roberts yn *The Cambrian Popular*

14 Chwarae cnapan oedd un o'r gemau mwyaf hynafol yng Nghymru.

Antiquities of Wales (1815) ceid amrywiad o'r enw *stoolball*, gêm debyg i griced ond heb fatiau, a chydag ystôl yn lle wiced. O safbwynt chwaraeon pêl ar gyfer timau, cnapan a bando yw'r gemau mwyaf hynafol yng Nghymru: diflanasai'r cyntaf, a oedd yn gyfuniad o rygbi a phêl-droed gyntefig, i bob pwrpas erbyn diwedd y ddeunawfed ganrif, ond parhaodd bando, sef gêm hoci afreolus, yn gyffredin tan tua chanol y bedwaredd ganrif ar bymtheg. Mewn disgrifiad manwl o chwarae cnapan gan George Owen yn ei *Description of Penbrokeshire* (1603), sonnir am gystadlu mawr ar ddiwrnodau neilltuol, megis Dydd Mawrth Ynyd, Llun y Pasg a Gŵyl Corff Crist. Ymgasglai hyd at ddwy fil o wylwyr i brofi'r cyffro ar yr achlysuron hyn. Deuai torfeydd enfawr ynghyd i wylio gemau bando hefyd. Yn y gêm honno, defnyddid ffon bren i sgorio goliau gan aelodau'r ddau dîm. Chwaraeid bando ar noson Galangaeaf a phrynhawn Nadolig yn Arfon, ond ym Morgannwg ar ddechrau'r bedwaredd ganrif ar bymtheg cynhelid gemau naill ai mewn cae neu ar draeth, yn enwedig yn ystod ffair neu fabsant. Yr oedd bando yn hynod boblogaidd yn ardal Margam ym Morgannwg a cheir tystiolaeth o wrhydri a sgiliau'r tîm lleol mewn cerddi cyfoes. Byddai chwaraewyr yn aml yn ymladd yn ystod gemau bando, ac ni allai hyd yn oed y dyfarnwyr atal y chwaraewyr rhag bwrw eu gwrthwynebwyr â'u ffyn.

Un o'r gemau pêl mwyaf cyffredin ledled Cymru oedd ffurf gyntefig ar bêl-droed, gêm a darddodd, yn ôl rhai awduron, yn uniongyrchol o chwarae cnapan. Mewn gêm bêl-droed rhoddid cyfle prin i bentrefwyr i gymryd rhan mewn gweithgaredd tîm, ac fel arfer fe'i cynhelid ar wastadedd eang o dir yn hytrach nag ar gae wedi ei farcio yn arbennig ymlaen llaw, fel sy'n arferol heddiw. Câi'r bêl ei chicio o blwyf i blwyf fel rheol, a defnyddid tirnodau cyfarwydd ar gyfer goliau. Gan nad oedd rheolau pendant, na dyfarnwr ychwaith, amrywiai natur y chwarae o ardal i ardal, ac ychydig o sylw a roddid i'r niferoedd a gymerai ran nac i'w hymddygiad ar y cae. Weithiau parhâi'r gêm am oriau, hyd nes iddi dywyllu, ac yn amlach na pheidio ymdebygai i frwydr heb arfau, wrth i ymdrechion egnïol a brwdfrydig y chwaraewyr arwain at ysgarmesau treisgar. Gan fod y pwyslais ar nerth yn hytrach na medrusrwydd, gallai'r gemau hyn fod yn waedlyd dros ben. Oherwydd yr elyniaeth a fodolai rhwng plwyfi cyfagos ymdebygai'r gemau i frwydrau ffyrnig yn hytrach nag adloniant iach.

Pêl-droed oedd un o chwaraeon amlycaf y Nadolig. Byddai dathliadau'r ŵyl yn ymestyn dros gyfnod o bythefnos a manteisiai'r gymuned gyfan ar y cyfle i fwynhau cyfres o arferion a champau traddodiadol ac i ddathlu'n frwdfrydig. Dechreuai'r tymor â gwasanaeth boreol y plygain yn oriau mân dydd Nadolig. Dilynid y gwasanaeth hwn o garolau gan adloniant amrywiol yr oedd chwaraeon yn rhan annatod ohono. Ceir digon o dystiolaeth i brofi bod nifer o gampau hwyliog, megis coetio, hela cwningod a rasys ceffylau, yn tynnu'r plwyfolion at ei gilydd. O safbwynt pêl-droed, cynhelid gemau lawer o gwmpas y wlad, megis yr un yn ne Ceredigion y ceir adroddiad arni yn yr *Oswestry Observer* ym 1887. Yr oedd yn gêm ar gyfer y tlawd a'r cyfoethog, yn ddynion a merched. Cyn chwarae diosgai'r dynion eu gwasgodau a'r menywod eu gynau ac weithiau eu peisiau. Parhâi'r miri cyffredinol tan y Flwyddyn Newydd. Mewn nifer o ardaloedd yr oedd hela yn boblogaidd o gwmpas dydd Calan, a hefyd rasys ceffylau ar ystadau'r bonedd.

Pêl-droed oedd hoff gêm y werin-bobl, a cheir tystiolaeth helaeth yng nghyhoeddiadau'r cyfnod o rai gemau cyffrous. Cynhaliwyd un ohonynt yn Llanwenog, Ceredigion, oddeutu 1800, pan rannwyd y plwyfolion yn ddau dîm, sef y Fro a'r Blaenau. Wedi gwasanaeth Nadolig yn yr eglwys, cafwyd gornest a oedd yn nodedig am ei ffyrnigrwydd. Yn wir, collwyd y bêl am gyfnodau maith yn ystod y sgarmesu. Pan sgoriai rhywun gôl, byddai bloeddio uchel a thanio dryllau. Nod tîm 'Y Fro' oedd symud y bêl i fyny'r allt i bentref Rhyddlan, tra ceisiai tîm 'Y Blaenau' ennill drwy ei phasio i ben arall y plwyf yng Nghwrtnewydd. Byddai'r chwarae yn bur wyllt a threisgar. Digon tebyg oedd natur y chwarae yng nghwm Ceiriog, lle y câi'r chwaraewyr, yn ôl y Parchedig Ddoctor William Rhys Jones (Gwenith Gwyn, 1858–1937), fwy o wefr drwy ymladd am bledren mochyn, sef y bêl, na thrwy sgorio. Mewn erthygl yn *Y Faner* ym 1932 soniodd Thomas Jones (1860–1932) am ei brofiad yn chwarae gêm bêl-droed adeg y Nadolig yn Llanfihangel Glyn Myfyr, sir Ddinbych, ar ddechrau'r 1870au pan oedd yn un ar ddeg oed. Chwaraeent â phêl gwd tarw ar y ddôl, ac eisteddai'r merched ar hyd y cloddiau yn gwylio. Bu Jones ei hun yn brwydro cystal â neb a chanlyniad y gemau corfforol hyn fyddai 'tipyn o gwafars mewn cripiadau hyd fy wyneb, a dau neu dri o lympiau yn merwino peth tua bôn fy ngwallt o gylch fy nhalcen'.

Ni chyfyngid pêl-droed i'r Nadolig yn unig, a hyd tua chanol y bedwaredd ganrif ar bymtheg dethlid Hen Galan (13 Ionawr) yn Llandysul drwy gynnal gêm rhwng plwyfi Llandysul a Llanwenog. Cymysgedd o farchogion a rhedwyr oedd y chwaraewyr a chan fod y goliau ryw wyth milltir oddi wrth ei gilydd yr oedd angen ceffylau i gyrraedd eithafion y maes yn gyflym. Yn absenoldeb unrhyw reolau pendant, tueddai'r chwarae i droi'n chwerw, ac ar ôl i un chwaraewr farw o'i anafiadau tybiwyd mai doeth fyddai dirwyn yr arferiad i ben. Yn ystod ei gyfnod fel ficer plwyf Llandysul rhwng 1822 a 1849 sefydlodd y Parchedig Enoch James Ŵyl Ysgolion Sul yn unswydd er mwyn disodli'r bêl gron.

Wedi'r Nadolig y cyfle nesaf i anghofio am waith beunyddiol oedd tymor y Pasg. Cychwynnai hwnnw ar Ddydd Mawrth Ynyd pan geid cyfle i fwynhau'r bwydydd a'r chwaraeon a waherddid dros chwe wythnos y Grawys. Byddid yn ailgydio ynddynt yn eiddgar a llawen wedi penwythnos y

Pasg. Cynhelid nifer o fabolgampau gwledig ac arferion traddodiadol rhwng Llun y Pasg a Chalan Gaeaf ar 31 Hydref, gan gynnwys taplasau haf, sef gwyliau seciwlar a ymdebygai i'r mabsantau, pan fyddid, yn ogystal â dawnsio a chanu i gyfeiliant cerddorol, yn cynnal rhaglen o gemau amrywiol. Digon tebyg oedd y chwaraeon hyn i'r rhai a chwaraeid adeg y Nadolig. Y prif wahaniaeth oedd fod y tywydd yn fwynach, a'r diwrnodau hirach yn cynnig oriau di-dor o adloniant awyr-agored nad oedd ar gael yn nyfnder gaeaf.

Byddai tymor y Pasg yn un o uchafbwyntiau'r flwyddyn i'r sawl a hoffai ymladd ceiliogod. Byddai llawer o unigolion yn paratoi eu hadar eu hunain neu yn mentro arian ar y ffefryn. Yn sir Gaernarfon cynhelid cystadleuaeth flynyddol ar Ddydd Mawrth Ynyd. Fe'i disgrifiwyd gan John Brand yn *Observations on Popular Antiquities* (1841) fel 'throwing at cocks' neu 'thrashing the hen'. I ddechrau'r chwarae gosodid aderyn mewn twll yn y ddaear ac fe'i trewid â ffust gan unigolion a oedd yn gwisgo mygydau. Câi'r dyrfa gryn hwyl wrth wylio'r ergydio trwsgl, a byddai'r sawl a lwyddai i ladd y ceiliog yn mynd ag ef adref i'w fwyta. Yn ôl Myrddin Fardd yn *Llên Gwerin Sir Gaernarfon* (*c.* 1908), ceid yn yr un ardal gystadleuaeth gyffelyb o luchio pethau at geiliogod.

15 Yn ystod tymor y Pasg yr oedd cryn fri ar ymladd ceiliogod yng Nghymru.

Dysgid yr adar ymlaen llaw i osgoi'r brigau a deflid atynt
drwy neidio o'r naill ochr i'r llall. Daliai'r perchenogion
gortyn o ryw ddeg llathen o hyd wedi ei glymu wrth goes yr
aderyn yn y naill law, a thaflent frigau ato â'r llall. Yn y
gystadleuaeth ei hun, safai'r cystadleuwyr oddeutu ugain
llath oddi wrth y ceiliog cyn dechrau lluchio ffyn ato. Caent
dri chynnig am ddwy geiniog, a'r enillydd oedd y sawl a
lwyddai i fwrw'r ceiliog i lawr a'i ddal cyn iddo godi ar ei
draed eto. Er mor fanwl yw'r dystiolaeth hon, anodd gwybod
pa mor ddilys ydyw gan ei bod yn ymddangos yn gyfieithiad
llythrennol o ddisgrifiad gan John Brand o gystadleuaeth a
gynhaliwyd yn Heston, Middlesex.

Hyd yn oed ar ôl ymroi i goginio a bwyta crempogau ar
fore Dydd Mawrth Ynyd, yr oedd gan y werin-bobl ddigon o
egni i dreulio'r prynhawn yn mwynhau gweithgareddau
athletig. Yn Arberth, sir Benfro, ar ddiwedd y bedwaredd
ganrif ar bymtheg câi aelodau timau'r gêm bêl-droed
flynyddol grempogau gan wragedd lleol a'u gwerthai mewn
basgedi. Mewn gêm frwd ac egnïol yn Nhalacharn, sir
Gaerfyrddin, chwaraeodd naill ben y dref yn erbyn y llall, a
bu tipyn o frwydro wrth geisio sgorio â phêl bledren tarw a
elwid yn 'ben Ioan Fedyddiwr'. Lleolid y goliau ar ddau ben
eithaf y dref, ac oherwydd natur afreolus y chwarae
gorchuddid ffenestri tai â chaeadau. Daeth y traddodiad hwn
i ben ym 1838 pan benderfynodd yr ustusiaid lleol ei
wahardd oherwydd trybini cyson. Mewn erthygl yn y
cylchgrawn *Byegones* (1884–5) aeth un awdur mor bell â
chymharu cystadlaethau pêl-droed Dydd Mawrth Ynyd yn
ne Cymru â'r brwydrau niferus a welid ymysg y Groegwyr
gynt. Yr oedd natur afreolus gemau pêl-droed yn amlwg yn
destun gofid i'r awdurdodau. Yn sir Benfro ym 1865
cyhuddwyd William Thomas o rwystro trafnidiaeth ar y
stryd drwy gymryd rhan mewn gêm wyllt a swnllyd ar
Ddydd Mawrth Ynyd. Clywyd sut y bu Thomas, ynghyd â
rhyw bedwar ugain o ddynion eraill, yn gyfrifol am gicio'r

bêl yn erbyn lamp nwy, ac er i'r heddlu eu symud i gae cyfagos dychwelasant i'r stryd hanner awr yn ddiweddarach. O ganlyniad, nid oedd lle i gerbydau a phobl basio, a thrawyd ceffyl gan y bêl. Fel cosb am ymddwyn mor anghyfrifol, gorfodwyd William Thomas i dalu chwe cheiniog o ddirwy ynghyd â chostau.

Yr oedd gemau pêl-droed penwythnos y Pasg yr un mor gystadleuol, gan ddiweddu'n aml mewn brwydr ryngblwyfol. Nid ffenomen newydd oedd trais ac ymladd, fodd bynnag, oherwydd ceir sôn am gêm bêl-droed waedlyd ar Sul y Pasg mor bell yn ôl â'r ail ganrif ar bymtheg, pan gynhaliwyd gêm mewn mynwent yng Nghydweli ym 1690, ac y trawyd un o'r chwaraewyr i'r llawr. Yr oedd chwarae Sul y Pasg yr un mor wyllt yn ystod y bedwaredd ganrif ar bymtheg. Condemniwyd y cystadlu ffyrnig hwn yn llym gan Myrddin Fardd, a mynegodd ei obaith y byddai'r chwaraewyr yn cael amser i 'edifarhau am eu hynfydrwydd tra fyddai eu haelodau anafus a'u pennau clwyfedig yn gwella'. I genedl a chanddi hanes o ryfela dros y canrifoedd, nid yw'n syndod, efallai, fod ymladd corfforol a sgiliau milwrol yn rhan mor amlwg o'i gweithgareddau athletig. Er enghraifft, mewn cystadleuaeth arall a gynhelid ar Sul y Pasg defnyddid bwa a saeth i saethu at y nod, ac ymddengys fod y clod o ennill yn bwysicach i'r cystadleuwyr na'r wobr a gynigid.

Cawn stôr o wybodaeth am chwaraeon penwythnos y Pasg yn nyddiadur yr ysgwïer William Bulkeley o Lanfechell, Môn, yn y ddeunawfed ganrif. Ysgrifennodd Bulkeley yn helaeth am gystadlaethau athletig yr ardal ac, er ei fod yn feirniadol o rai agweddau, câi gystal blas â neb ar firi ei gymuned leol. Ceir ganddo ddisgrifiadau o adloniant y cyfnod a chipolwg gwerthfawr ar fywyd cymdeithasol y plwyf. Digon anarferol a doniol oedd y chwaraeon ar adegau, megis ar Ddydd Llun y Pasg, 1734, pan dderbyniodd yr her o redeg pellter penodol cyn i gymydog gwblhau'r dasg o gasglu 120 o gerrig a'u gosod i lawr gyda llathen o fwlch rhyngddynt! Drannoeth mynychodd Bulkeley a'r rheithor lleol gêm bêl-droed ddeuddeg-bob-ochr ar Faes y Cleifion, Tyddyn Rono, lle y chwaraeodd plwyf Llanbadrig yn erbyn plwyfi Llanfair-yng-Nghornwy a Llanrhwydrys. Daeth tua phum cant o bobl ynghyd i wylio cystadlu a barhaodd am ryw bedair awr cyn i'r ornest orffen yn gyfartal. Er i'r chwarae droi'n wyllt ar adegau, gadawodd y timau, chwedl Bulkeley, 'as good friends as they came, after they had spent half an hour together in cherishing their spirits with a cup of ale ... having finished Easter Holydays innocently and merrily'.

Heb amheuaeth, yr oedd gan hapchwarae ac yfed diod gadarn le amlwg mewn dathliadau cymdeithasol, ac yr oeddynt hefyd yn elfennau hanfodol o ŵyl y Sulgwyn, sef y seithfed Sul wedi'r Pasg. Yn ôl Myrddin Fardd:

> yn anwesu i ormodedd yn mhob math o ymarferion a difyrion, ar gyfer y rhai y byddai llawer plwyf yn darparu y nwyddau angenrheidiol, ac allan o y rhai y byddent yn hawlio eu cyfran briodol o elw. I'r diben hwn byddai ty annedd neu ysgubor, yr hwn a elwid ty-yr-Eglwys, neu'n Ty'n Llan, yn cael ei neillduo, a dogn o ddiod yn cael ei ddarllaw, yr hwn a elwid yn Gwrw y Sulgwyn, neu Gwrw Eglwys, ac yn cael ei gwerthu i'r plwyfolion a fyddent yn dyfod yno i wledda, yfed, a hapchwarae; a byddai yn cael ei gymhwyso tuag at adgyweirio Eglwysi, ac weithiau at achosion elusengar.

Dros y Sulgwyn ym 1734 bu Bulkeley yn hapchwarae am wyth llwy arian mewn ymryson ceiliogod yn Llandyfrydog, a llwyddodd i ennill un ohonynt.

Er mor gefnogol oedd William Bulkeley i ddathliadau'r Pasg, y Sulgwyn a'r Nadolig, nid oedd mor hoff o wylmabsantau. Galwodd fabsant Llanelian yn 'insufferable superstition' ym 1734, a rhai blynyddoedd yn ddiweddarach cyfeiriodd at yr achlysuron hyn fel gwyliau diwerth ar gyfer gwerin-bobl ddiog. Ond nid felly y syniai mwyafrif plwyfolion Cymru am un o uchafbwyntiau'r flwyddyn. Denid ymwelwyr o bell i fynychu'r gwyliau hyn, a fyddai weithiau'n parhau am hyd at bythefnos. Er mai tarddiad y mabsantau oedd dathliadau paganaidd i goffáu eilun-dduwiau'r ardal, fe'u mabwysiadwyd gan yr eglwys yn ddiweddarach. Ychwanegid elfen grefyddol drwy gynnal gwasanaeth boreol ar gyfer y plwyfolion oll. Fodd bynnag, erbyn y ddeunawfed ganrif yr oedd y wedd grefyddol wedi dechrau gwanhau a'r prif ffocws wedi symud i weithgareddau seciwlar, megis chwaraeon, a gynhelid fel arfer yn y fynwent.

Yn ôl Benjamin Heath Malkin yn *The Scenery, Antiquities and Biography of South Wales* (1804), syrcas oedd y mabsantau ar gyfer pob math o chwaraeon. Amrywiai'r campau o'r anarferol, megis dringo polyn seimllyd a bwyta rholiau triogl yn hongian ar raff, i ymladdfeydd cŵn a cheiliogod, cwffio, pêl-droed, rasys mulod a rasys rhedeg y sonnir amdanynt mewn darn o farddoniaeth a ddyfynnwyd gan D. Craionog Lewis yn *Hanes Plwyf Defynog* (1911):

> I ganlyn gwrol gampau,
> Taflu'r bar neu faen heb fwyth,
> Neu godi'r llwyth lle byddai;
> Ymaflyd codwm ar dir teg,
> Neu redeg am y cyntaf;
> Neidio, saethu'r nod,
> A cheisio bod yn bennaf.

Ymhlith y gwobrau a gynigid ym mabsant Defynnog, sir Frycheiniog, ym 1840, yr oedd arian, dillad, a hyd yn oed weirglodd gyfagos.

Digwyddai'r rhan helaethaf o'r cystadlaethau hyn ar ochr ogleddol yr eglwys, ar ddarn o dir anghysegredig a ystyrid yn addas ar gyfer adloniant ysgafn. Gan fod llai o ffenestri ar yr ochr hon, yr oedd llai o siawns o'u torri, ond, yn ôl tystiolaeth a geid mewn llyfrau festri, megis yn achos eglwys Llanuwchllyn ym 1719, byddai'n rhaid talu gwydrwr o bryd i'w gilydd i ailwydro ffenestri. Câi beddau eu torri mewn mabolgampau hefyd weithiau, a cheir enghreifftiau mewn eglwysi yn Llanfaenor, Gwent, a Caswell, Morgannwg, o wylwyr yn defnyddio darnau mawr o gerrig beddau fel seddi. Ym mabsant Llandrindod yn y 1740au chwaraeid pêl yn erbyn y clochdy a thennis yn erbyn y waliau, a hyd yn ddiweddar gellid gweld olion safleoedd ymladd ceiliogod ar ochr ogleddol rhai mynwentydd.

Ceir disgrifiadau niferus mewn cyhoeddiadau cyfoes o'r chwaraeon mabsant, a sawl disgrifiad diddorol ohonynt gan awduron Cymraeg a hefyd gan deithwyr i Gymru yn ystod y bedwaredd ganrif ar bymtheg. Yn ei *Tours in Wales* (1804–13) sonia Richard Fenton am gystadlaethau taflu maen mewn mabsant yn sir Ddinbych, a chofnoda awdur dienw *Recollections of a Visit to Llanbedr in the County of Brecon* ym 1807 yr athletau a'r dawnsio a welsai mewn mabsant undydd, yn ogystal ag adrodd ar ffurf cerdd am ymaflyd codwm a defnydd o'r pastwn. Cawn wybodaeth am rasys ceffylau yn y mabsantau gan Edward Pugh yn *Cambria Depicta* (1816), sef ei ddisgrifiad o'i daith trwy ogledd Cymru, a hefyd am y lle blaenllaw a roddid iddynt ym mabsant Penarlâg, sir Y Fflint, gan Richard Willett yn *A Memoir of Hawarden Parish*, a gyhoeddwyd ym 1822. Yn *The Red Dragon* (1884) tystia John Howells i boblogrwydd tennis a bando ym Morgannwg ar ddechrau'r bedwaredd ganrif ar bymtheg, ac yn yr un cyfnod ysgrifennodd Syr John T. D. Llewellyn o Benlle'r-gaer am y mwynhad a geid wrth chwarae pêl, herc-sgip-a-naid, a chwarae taflu ceiniogau ym mabsant Llangyfelach ddechrau mis Mawrth. Yn ôl Thomas Richards Phillips yn *The Breconshire Border* (1926), byddai plwyfolion Llanigon, sir Frycheiniog, yn dathlu eu mabsant ar y Sul agosaf i 20 Medi tan tua 1885. Ymgasglai dynion a bechgyn yn y cae ger tafarn y White Swan i ymaflyd codwm. Llifai'r cwrw'n rhydd a darperid cacennau gan

ferched lleol. Ar y dydd Llun canlynol parhâi'r ymaflyd
codwm, ynghyd ag ymladd ceiliogod, baetio teirw a dawnsio
gyda'r nos.

Er mai adloniant pur oedd y chwaraeon mabsant gan
amlaf, byddai ennill enwogrwydd fel athletwr yn uchelgais
gan rai unigolion oherwydd drwy lwyddo ar y maes chwarae
deuai cydnabyddiaeth a statws cymdeithasol. Byddai rhai
cystadleuwyr yn ymarfer yn ddyfal ymlaen llaw er mwyn
gwneud argraff ar y gwylwyr ac ennill gwobrau ariannol
hefyd. Byddai buddugoliaeth ryfeddol yn destun trafod am
flynyddoedd wedyn. Er enghraiff, daeth George Williams,
ysgwïer Aberpergwm, yn adnabyddus yn ardal Llangatwg,
Morgannwg, am daflu maen o ryw 100 pwys dros bellter
anhygoel mewn gwylmabsant leol. Unigolyn arall a wnaeth
argraff ddofn ar ei gyd-blwyfolion oedd Llywelyn Fawr o
Lanymawddwy a luchiodd garreg oddeutu 75 pwys bymtheg
llath yn ystod dathliad Sant Ioan Fedyddiwr yn Llanwddyn,
sir Drefaldwyn. Bu ei orchest yn destun siarad am
flynyddoedd lawer a phan fu farw ym 1807 fe'i claddwyd ym
mynwent Llanymawddwy lle y cyflawnasai wrhydri droeon.

Er mai dynion yn bennaf a gymerai ran mewn chwaraeon
yn y cyfnod cyn-ddiwydiannol, yr oedd gan ferched hefyd eu
swyddogacth. Ceir enghreifftiau o ferched yn cystadlu
mewn amrywiaeth o gampau, megis rhedeg, coetio, a
gweithgareddau digrif, megis cystadlaethau lledwenu. Fodd
bynnag, nid oedd pawb yn bleidiol i athletwragedd. Mewn
llythyr i'r *Glamorgan, Monmouthshire and Brecon Gazette*
ym 1840 mynegwyd cwyn am ffair a gynhaliwyd yn Llandaf,
Morgannwg, lle'r oedd meibion ffermwyr, a 'hyd yn oed
menywod' yn carlamu ar gefn ceffylau ar hyd yr heolydd.
Cawn yr argraff fod disgwyl i ferched gefnogi'r dynion.
Sonnir am un wraig a ymfalchïai yng nghrys gwaedlyd ei
gŵr ar ôl ymryson caled o gwffio yn ffair flynyddol Pen-y-
bont ar Ogwr yn ystod y bedwaredd ganrif ar bymtheg. Yn ôl
tystiolaeth Thomas Richards Phillips yn *The Breconshire*

Border (1926), cariodd un wraig, Nancy Walker, chwart o gwrw i'w gŵr yn ystod un ymryson, gan ei annog drwy ddweud: 'Fight on Jack. I'll carry thee bones home in my apron before thee be beaten.'

Efallai mai'r elfen bwysicaf yn y dathliadau i rai merched oedd y cyfle i chwilio am bartner, a byddai'r dawnsfeydd cymysg awyr-agored yn ystod gwyliau'r haf yn ddelfrydol ar gyfer hynny. Pan ddisodlwyd y dawnsfeydd cyfarwydd gan *quadrilles* dieithr a chymhleth yn nawns fawreddog helfa Bangor ym 1823, cwynodd newyddiadurwr y *North Wales Gazette* fod dynion yn gorfod gwastraffu amser yn dysgu camau yn hytrach na sgwrsio â merched prydferth. Dull arall o wneud argraff ar ferched yn ystod y gwyliau tymhorol fyddai trwy ennill mewn gornestau cwffio oherwydd mewn rhai ffeiriau yr oedd gan y buddugwr hawl i hebrwng y ferch bertaf adref ar ddiwedd y dydd.

Un o'r gweithgareddau athletig amlycaf oedd rhedeg. Y pencampwr enwocaf yn y maes, heb amheuaeth, oedd Gruffudd Morgan, neu 'Guto Nyth Brân' (1700–37), a oedd yn byw yn ardal Llanwynno, Morgannwg. Ymysg ei dalentau yr oedd dal ysgyfarnogod, casglu defaid heb gymorth ci, a hyd yn oed baeddu ceffylau mewn rasys traws-gwlad. Yn ôl un chwedl, llwyddodd Guto ar un achlysur i redeg y saith milltir o'i gartref i Aberdâr cyn i'r tegell ferwi, ac nid yw'n syndod felly iddo ddechrau cystadlu. Gan fod hapchwarae eisoes yn boblogaidd erbyn y ddeunawfed ganrif byddai cefnogi Guto yn gwarantu llwyddiant, a mentrodd llawer o blwyfolion Llanwynno eu cynilion ar y Cymro chwim mewn ras yn erbyn Sais o'r enw Prince ym 1737. Gan fod Guto mor sicr y byddai'n ennill y ras ddeuddeg milltir o Gasnewydd i eglwys Bedwas, ger Caerffili, cymerai hoe o bryd i'w gilydd yn ystod y ras i sgwrsio â rhai o'r gwylwyr. Bu hefyd mor ddigywilydd ag edliw i'w wrthwynebydd ei ddiffyg cyflymdra cyn gwibio heibio iddo a chwblhau'r ras ymhen 53 munud. Yr oedd Siân, ei gariad, mor llawen fel y'i trawodd ar ei gefn i'w longyfarch a dyna pryd, fel y gŵyr pawb, y syrthiodd y rhedwr chwedlonol hwn i'r llawr yn farw.

Ni fu pob pencampwr mor anffodus â Guto, a daeth sawl athletwr Cymreig arall i'r brig mewn cystadlaethau rhedeg proffesiynol yn ystod blynyddoedd canol y bedwaredd ganrif ar bymtheg. A hithau'n gyfnod o dwf a datblygiad diwydiannol a newid ym mhob agwedd ar fywyd beunyddiol, ceid pwyslais cynyddol ar reolau, strwythur a chadw amser cywir. Adlewyrchid hyn ar y maes chwarae. Yn wir, yr oedd rhedeg proffesiynol yn rhagflaenydd i fath newydd o chwaraeon ffurfiol, ac yn sgil cyfleusterau teithio hwylus daeth yn ffasiynol i gefnogwyr deithio ymhell i wylio campau. Dyma weithgaredd a oedd yn agored i unigolion o bob cefndir, a chan fod hapchwarae yn rhan hanfodol ohono yr oedd posibilrwydd o ennill arian mawr yn atyniad cryf i gystadleuwyr a gwylwyr fel ei gilydd.

Byddai llwyddo fel rhedwr proffesiynol yn dyrchafu unigolyn yn arwr ac yn ystod y 1840au gwelwyd yng Nghymru un seren genedlaethol a oedd yn enwog am guro athletwyr Seisnig o fri, sef John Davies (1822–c.1904), brodor o Lansanffraid-ym-Mechain, sir Drefaldwyn, a lysenwyd 'Y Cyw Cloff' ohcrwydd ei arddull rhedeg nodweddiadol. Yr oedd ei gorff ysgafn yn addas iawn ar gyfer rasys hir a chofnodwyd ei fuddugoliaethau yn erbyn pencampwyr megis John Tetlow, Sarsiant Rennie a Tom Maxfield yn nifer o faledi'r cyfnod. Ynddynt honnid ei fod mor gyflym ag ysgyfarnog a charw, a hyd yn oed yn chwimach na Guto Nyth Brân ei hun. Fel y dywedodd y baledwr Edward Jones ynghylch llwyddiant y Cyw yn erbyn Tom Maxfield:

Mawr yw ffrwst a thrwst y Saeson,
Maeddu'r Cymry yw eu hamcanion,
Ond fe fagwyd yng ngwlad Forgan
Un sy'n cario ar y cyfan.

PEDESTRIANISM.

J. TOWNSEND

Most respectfully informs the Inhabitants of Abergavenny and Monmouth and their Vicinities, the, on Monday Morning, July 11, 1825, he will start from the

WHITE HORSE, ABERGAVENNY,

and walk to the

ROBIN HOOD, MONMOUTH,

and return to the White Horse, Abergavenny,-----from whence, after a few minutes rest, he will again start for the Robin Hood, Monmouth, and return through Abergavenny, and go to the

LAMB AND FLAG, LLANWENARTH,

and return to the White Horse, Abergavenny,---being a distance of

66 MILES IN ONE DAY.

This Feat he will perform for Six successive days. No man ever performed such an astonishing feat before.

It is for no Wager, but merely to shew the people of Abergavenny and Monmouth what he can do.— Any donation they may be pleased to give will be thankfully received.

J. H. Morgan, Printer, Abergavenny.

16   Gorchestion cerddwr o'r enw J. Townsend yng nghyffiniau'r Fenni a Threfynwy, Gorffennaf 1825.

17 William Gale, rhedwr proffesiynol o Gaerdydd.

O ganlyniad i berfformiadau Davies, ysbrydolwyd eraill i gymryd rhan, a chyn bo hir yr oedd rhedwyr a chanddynt lysenwau fel y 'Pontypool Deer', y 'Cwm Celin Stag' a'r 'Flying Tailor' yn hysbys drwy'r wlad.

Oherwydd natur galed nifer o'r cystadlaethau rhedeg hyn, dioddefai hyd yn oed y goreuon o salwch ac anafiadau. Yn ystod ei ymdrechion ar drac Lillie Bridge, Llundain, ym 1880, pan geisiodd gerdded 2,500 o filltiroedd mewn mil o oriau, cwympodd William Gale o Gaerdydd i'r llawr o orludded a bu'n rhaid galw am feddyg. Hwn oedd yr athletwr a gawsai ei holi gan yr heddlu rai blynyddoedd yn gynharach, sef ym 1855, ynghylch dilysrwydd ei honiad ei fod wedi cyflawni sialens i gerdded 1,300 o hanner-milltiroedd am £50 ar hyd caeau yn Abertawe. Honnwyd bod Gale wedi gorffwys yn ystod y nos yn hytrach na pharhau â'i dasg. Un enghraifft yn unig oedd hon o'r twyll a ddigwyddai'n aml ymysg rhedwyr. Yn wir, arweiniodd y wedd annymunol hon ar redeg proffesiynol, megis amaturiaid yn rhedeg dan ffugenwau a threfnu canlyniadau heriau ymlaen llaw, at ddiwedd y gweithgarwch. Bu beirniadu llym ar y fath anonestrwydd a hefyd ar gamymddwyn anghyfrifol y torfeydd meddw a wyliai'r rasys. Yn sgil dyfodiad athletau amatur parchus yn y 1860au, datblygiad a oedd yn cynnwys rheolau swyddogol ac a gyfyngid i ddosbarthiadau cymdeithasol uwch yn unig, ciliodd y rhedwyr proffesiynol o'r tir.

Pwysleisiwyd eisoes fod gwedd grefyddol y mabsantau wedi ei disodli gan elfennau seciwlar megis chwaraeon, ac adlewyrchwyd y trawsnewid hwnnw yn y gwyliau newydd a grëwyd, nad oeddynt yn gysylltiedig â'r eglwys. Tua dechrau'r ddeunawfed ganrif sefydlwyd mabsantau Sain Ffagan a Sant Andreas ym Morgannwg gan dafarnwyr yn unswydd er mwyn cynyddu eu helw. Felly, hefyd, ym 1780 yn ardal Llangyfelach, lle y trefnodd tafarnwyr lleol fabolgampau ar Fynydd Pysgodlyn. Chwaraeai alcohol ran flaenllaw yn y dathliadau hyn yn gyffredinol, ac yn aml codid tafarnau yn agos iawn i fynwentydd. Ym Metws Gwerful Goch ger Corwen agorai drws cefn y dafarn ar y fynwent ac, yn ôl Elias Owen yn ei lyfr *Old Stone Crosses of the Vale of Clwyd and Neighbouring Parishes* (1886), ceid twll chwart ym mur gogleddol un eglwys yn sir Gaerfyrddin i ddal jygiau chwart llawn cwrw ar gyfer cystadleuwyr sychedig yn ystod gemau pêl. Darperid cwrw ar gyfer y buddugwyr yn aml, ac nid yw'n syndod, felly, fod cynifer o gemau'n troi'n ysgarmesoedd meddw a stwrllyd.

Prin fod lle i'r elfen grefyddol yng ngwylmabsant Llanrhaeadr-ym-Mochnant erbyn y bedwaredd ganrif ar bymtheg. Âi dynion a phlant i gasglu llaeth a bwyd o'r ffermdai yn y bore yn hytrach na mynychu gwasanaeth yn yr eglwys fel y gwnaent erstalwm. Byddai'r casglu'n parhau tan 11 o'r gloch a defnyddid y cynnyrch wedyn ar gyfer cinio. Dechreuai'r dathliadau o ddifrif yn ystod y prynhawn, ac yno y byddai'r pentrefwyr yn chwarae pêl, ymladd ceiliogod a thaflu bar dros gyfnod o bythefnos. Nid oedd elfen grefyddol ychwaith yn perthyn i fabsant Llansanffraid-ym-Mechain, sir Drefaldwyn, yn ystod y bedwaredd ganrif ar bymtheg; dyma'r achlysur pan fyddai 'maer y mabsant', a oedd wedi ei ethol ymlaen llaw, yn meddwi mewn tafarn o nos Sul hyd ddydd Mercher. Symbol oedd y cymeriad hwn o'r ffordd y troid trefn arferol cymdeithas ar ei phen yn ystod dathliadau. Addurnid 'maer' mabsant Llanymynech â rubanau, paentid ei wyneb yn goch neu'n ddu, a chlymid bresychen ar ei gefn. Yna, rhoddid jwg chwart iddo cyn ei wthio neu ei gario mewn berfa i'r ffermdai mwyaf, lle y darperid cwrw i'r parti cyfan. Fel arfer, gan fod y cludwyr yn yfed cymaint, datblygai'r achlysur yn un go wyllt a therfysglyd.

Oherwydd yr elfennau afreolus a oedd yn rhan annatod o'r chwaraeon hyn, nid yw'n syndod fod rhai carfanau yn eu gwrthwynebu'n gryf, yn enwedig gweinidogion yr efengyl.

O'r ddeunawfed ganrif ymlaen, ystyrid chwaraeon yn arferion pechadurus a cheisiwyd eu dileu. Yn nhyb diwygwyr crefyddol yr oedd yn ddyletswydd ar blwyfolion i fynychu gwasanaethau eglwysig ar y Sabath a'r gwyliau yn hytrach nag ymgolli mewn miri a meddwdod. Ymosodent yn chwyrn ar draddodiadau megis campau athletig a'u condemnio am dynnu'n groes i ddysgeidiaeth Crist. Yn ei ddyddiadur a ysgrifennwyd ddiwedd y ddeunawfed ganrif ymosododd y Parchedig William Thomas o Lanbedr-y-fro, sir Forgannwg, yn llym ar ymladd ceiliogod, baetio teirw, canu, dawnsio a rasys rhedeg gwyllt. Yn yr un modd, ar achlysur mabsant yr Eglwys Newydd ger Caerdydd ym 1741, honnodd Charles Wesley fod yr arferiad hwnnw'n gwbl bechadurus. Yn ôl llythyr a ysgrifennwyd at y Parchedig Thomas Charles o'r Bala gan Siôn Williams ym 1799, yr oedd cyflwr ysbrydol Môn yn druenus cyn y Deffroad Mawr:

> They flocked in crowds to the parish churches on Sunday morning; not to listen to the word of God but to devise and relate foolish anecdotes and to entice each other to drink [at] the wash-brew house of the devil's market, and to arrange places of meeting to decide upon the sports to be engaged in after the evening service.

Cynyddai gwrthwynebiad offeiriaid eglwysig wrth i elfennau crefyddol y mabsantau gael eu diystyru fwyfwy a'u disodli gan feddwi a hapchwarae. Ofnent ynghylch dyfodol eu heglwysi oherwydd y pwysau seciwlar a'r demtasiwn gynyddol i ymroi i adloniant corfforol yn hytrach nag ysbrydol. Mewn rhai ardaloedd, er enghraifft ym Môn, tybid mai'r peth doethaf fyddai i'r eglwysi gefnogi'r chwaraeon tymhorol er mwyn cael rhywfaint o reolaeth drostynt, gan na fedrent, yn ôl Nesta Evans yn ei chyfrol *Religion and Politics in Mid-Eighteenth Century Anglesey* (1953), 'replace its fading attractions by any sufficiently vital urge of its own'. Cyfyngid rhywfaint ar yr alcohol a yfid gan blwyfolion gan bresenoldeb yr offeiriad. Tynnid sylw pellach at ymgyrchu brwd arweinwyr crefyddol gan gyhoeddiadau yn y wasg yn condemnio chwaraeon tymhorol o bob math, ynghyd â'r gweithgareddau annymunol a oedd yn gysylltiedig â hwy. Ym 1841 argraffwyd cerdd ar fabsant Bangor – *Gwahoddiad i Adferiad Gwylmabsant Bangor* – a oedd yn collfarnu'r gweithgareddau'n chwyrn am dynnu'n groes i'r neges Gristnogol. Lambastia'r gerdd gampau ynfyd y cystadleuwyr cul ac annuwiol a ymostyngai i'r fath bechodau. Deuai goreuon cymdeithas hyd yn oed dan y lach:

> A phob rhyw foliog Berson a'i drwyn wrth gynffon Mul,
> Mwy hyddysg ar y chwareu, na'r Salmau ar y Sul …

Dringo polyn, hela mochyn seimllyd, neidio mewn sachau, a rasys asynnod: ystyrid y rhain i gyd yn weithgareddau dibwrpas ac anwaraidd:

> … rhai yn rhwym mewn sachau, a'u coesau fel mewn cas,
> Rhai ar eu trwynau'n syrthio, wrth risio yn y Ras,
> Hen wragedd blin yn rhegi, a phlant yn gweiddi gair,
> Difyrwch i Bersoniaid, fel ffyliaid yn y ffair.

Tybiai'r awdur fod yr offeiriaid hyn yn llygru eu plwyfi drwy gefnogi'r mabsant ac yn caru 'cnawdol chwantau, yn fwy na deddfau Duw'. Yn yr un modd, beirniadwyd mabsant Llanbedr-y-fro, sir Forgannwg, gan y Parchedig David Davies. Disgrifiodd yr ŵyl fel jiwbilî uffernol ac erbyn diwedd ei yrfa yng nghapel Croes-y-parc ym 1857 yr oedd Davies wedi llwyddo i ddileu'r mabsant lleol yn llwyr.

Fodd bynnag, ni ildiodd y gwyliau tymhorol i gyd dan bwysau'r adfywiad crefyddol, a pharhaodd nifer ohonynt yn nannedd y cerydd cyson o'r pulpud. Byddai rhai offeiriaid hyd yn oed yn cefnogi chwarae ar y Sul ac yn cyhoeddi manylion cystadlaethau lleol o'r pulpud ac yn ymuno yn yr

GWAHODDIAD
I ADFERIAD GWYLMABSANT BANGOR.

YR HWN A GYFHELIR

Gyda Races Mulod, Hela Moch, ac amrywiol Grist'nogol Gampau, o dan nodded
Uchel Offeiriadau yn nyddiau Nadolig, Blwyddyn yr Arglwydd 1841.*

GWAHODDIAD.

GWYLMABSANT BANGOR.

18 *Gwahoddiad i Adferiad Gwylmabsant Bangor* (1841).

hwyl. Gwibiai rhai ohonynt drwy eu gwasanaethau bore Sul fel y gallai pobl adael yn gynharach er mwyn cychwyn ar y gemau a'r dawnsio ynghynt. Weithiau byddai ficer a warden yn chwarae gemau pêl yn erbyn ei gilydd, ac yng Nghlwyd yr oedd un offeiriad, a fu farw ym 1809, yn aml yn gweithredu fel dyfarnwr ar gystadlaethau chwaraeon ac yn eu dwyn i ben â'r gorchymyn awdurdodol: 'Come, lads, it is high time to go to church.' Nid oedd yr offeiriaid yn ddieithriaid i hapchwarae ychwaith. Yn ôl dyddiadur William Bulkeley, byddai ei gyfaill Will Hughes, offeiriad Llantrisant, yn cael cryn lwyddiant wrth fentro arian ar geiliogod.

Er bod chwaraeon tymhorol at ei gilydd yn achlysuron llawen ac yn pontio rhaniadau cymdeithasol, gallent hefyd, fel y dadleuodd Richard Suggett, fod yn gyfrwng i fynegi gwrthdaro o dro i dro rhwng plwyfolion a'i gilydd yn ogystal â rhwng gwahanol blwyfi. Er bod y gemau rhyngblwyfol ar y naill law yn uno cymunedau drwy annog gwaith tîm a chydweithrediad, gallent ar y llaw arall greu drwgdeimlad rhwng pentrefi cyfagos pan fyddent yn brwydro yn erbyn ei gilydd, er enghraifft, drwy ddwyn pawl haf Sain Ffagan adeg dathliadau Calan Mai ym 1768. Gwelir weithiau elfen o snobyddiaeth yn nhystiolaeth awduron a fyddai'n beirniadu adloniant y werin-bobl. Ym 1891 soniodd un awdur am sut y byddai'r cystadlaethau cwrsio cwningod ac ysgyfarnogod yn denu anwariaid o'r cymoedd glo cyfagos. Ond ymddengys yn gyffredinol fod yr haenau uwch yn cefnogi'r gweithgareddau hyn am eu bod yn achlysuron gwrol a gwerthfawr, ac am eu bod yn llesol i'r bobl. Byddai'r boneddigion yn aml yn cyfrannu arian at gronfeydd i hybu chwaraeon neu yn darparu gwobrau ar gyfer yr enillwyr. Fodd bynnag, bu lleihad yng nghefnogaeth y boneddigion wrth i'r bedwaredd ganrif ar bymtheg fynd rhagddi, yn bennaf oherwydd y newidiadau cymdeithasol a ddaeth yn sgil diwydiannu.

Gyda thwf diwydiant a datblygu cymunedau trefol yn ail hanner y bedwaredd ganrif ar bymtheg cafwyd newidiadau aruthrol ym mhob agwedd ar fywyd. Trawsnewidiwyd cymdeithas o ganlyniad i ddatblygiadau mewn cynhyrchu glo, haearn a chopr, a'r ailstrwythuro radical a ddigwyddodd ym mhatrymau gwaith y dosbarth gweithiol. Fel y diwrnod gwaith ei hun, collodd difyrion a chwaraeon eu natur afreolus, gan droi'n gystadlaethau ac iddynt reolau pendant, trefn, ac amseru llym. Gan fod yr hen chwarae cymunedol yn gysylltiedig â chyfnod llai gwaraidd, datblygwyd ffurfiau newydd ar y gemau traddodiadol i gyd-fynd â hinsawdd yr oes, ac er na ddiflannodd difyrion tymhorol o'r tir yn gyfan gwbl magasant wedd lawer mwy ffurfiol ledled Cymru. Yn y wasg dechreuwyd gwahaniaethu rhwng chwaraeon hen a newydd, ac yn aml ceid cymysgedd hynod eclectig o gemau gwerinol a rhai mwy strwythuredig. Ffurfiwyd sefydliadau fel Undeb Rygbi Cymru a Chymdeithas Bêl-droed Cymru rhwng 1850 a 1870 er mwyn safoni'r ddwy gêm a sicrhau bod chwarae teg a rheolau cyson yn cael eu gweithredu ar draws y wlad.

Erbyn diwedd y bedwaredd ganrif ar bymtheg, felly, yr oedd newidiadau cymdeithasol wedi gwyrdroi bywyd y Cymry yn llwyr, ac yr oedd hynny'n wir am chwaraeon yn ogystal. Nid oedd lle mwyach i adloniant hwyliog yr oes o'r blaen mewn cymdeithas a reolid gan drefn, ac adlewyrchid hynny yn y chwaraeon strwythuredig hynny a ddechreuodd yn yr ysgolion bonedd a'r prifysgolion Seisnig. Ni ddylid anghofio, fodd bynnag, am gyfraniad pwysig chwaraeon ym mywyd cymdeithasau amaethyddol ledled Cymru. Yn eu dydd cynigient ryw fath o sefydlogrwydd a sicrwydd yn ogystal ag adloniant pur. Rhoddai'r gemau tymhorol gyfle i ymuniaethu â chymuned ac i gryfhau rhwydweithiau lleol. Heb y difyrion hyn, byddai bywyd gwerin-bobl Cymru wedi bod yn galetach a llai cyffrous.

DARLLEN PELLACH

G. Nesta Evans, *Religion and Politics in Mid-Eighteenth Century Anglesey* (Caerdydd, 1953).

John Fisher, 'The Welsh Calendar', *Trafodion Anrhydeddus Gymdeithas y Cymmrodorion* (1894–5).

David Howell, *Land and People in Nineteenth-Century Wales* (Llundain, 1978).

Philip Jenkins, 'Times and Seasons: The Cycle of the Year in Early Modern Glamorgan', *Morgannwg*, XXX (1986).

R. W. Jones, *Bywyd Cymdeithasol Cymru yn y Ddeunawfed Ganrif* (Llundain, 1931).

Robert W. Malcolmson, *Popular Recreations in English Society 1700–1850* (Caer-grawnt, 1973).

Trefor M. Owen, *Welsh Folk Customs* (Llandysul, 1994).

Richard Suggett, 'Festivals and Social Structure in Early Modern Wales', *Past and Present*, 152 (1996).

E. P. Thompson, *Customs in Common* (London, 1993).

H. M. Waddington, 'Games and Athletics in Byegone Wales', *Trafodion Anrhydeddus Gymdeithas y Cymmrodorion* (1955).

'YN FAM AC YN DAD': HANES MERCHED YN Y GYMUNED FORWROL c. 1800–1950

Robin Evans

Bu fy chwiorydd a minnau hefyd yn cael ein gwisgo mewn ffrogiau lliw hufen wedi'u gwneud o ddefnydd shantung o China bob haf am flynyddoedd hyd syrffed! Cofiaf glywed fel y bu i Nhad rowlio llathenni o'r defnydd yma o amgylch ei gorff er mwyn ei guddio o dan ei ddillad i osgoi talu treth arno wrth ddod drwy'r Customs. Dro arall, daeth a kimonos o sidan main a pharasol o Siapan, les cywrain o Tenerife, cadeiriau gwellt o Madeira, lliain bwrdd o gotwm gwyn o India a brodwaith llaw traddodiadol a thlws arno.

Beti Isabel Hughes

Ganwyd a magwyd Henry Hughes (g. 1866) a Siôn Ifan (John Evans, g. 1859) ym mhentref Moelfre ym Môn, un o bentrefi morwrol enwog Cymru. Yr oedd Hughes yn gapten llong ac yn berchen ar nifer o longau, a Siôn Ifan yn llongwr cyffredin a gododd i safle mêt. Magodd Catherine, gwraig Henry Hughes, wyth o blant yn y tŷ sylweddol a adeiladwyd ganddynt ger y môr, sef Trem y Don. Yr oedd gan Siôn Ifan a'i wraig Catrin, hwythau, deulu mawr – wyth mab ac un ferch – a fagwyd mewn tŷ teras bychan gyda dwy ystafell wely. Golygai'r gwahaniaeth yn eu statws, ynghyd â'r ffaith eu bod yn byw mewn gwahanol rannau o'r pentref, nad oedd y ddwy wraig yn gwneud rhyw lawer â'i gilydd, er bod un cyswllt uniongyrchol rhyngddynt, sef bod Siôn Ifan yn hwylio'n aml fel mêt gyda'r Capten Henry Hughes. Gwyddai Capten Hughes yn dda am anhawster Catrin Ifans i gael dau ben llinyn ynghyd, ac yr oedd yn ymwybodol hefyd o'r demtasiwn a wynebai'r llongwyr yn nhafarndai'r porthladdoedd wedi iddynt gyrraedd glan yn ddiogel. Felly, pan gyrhaeddai borthladd byddai Capten Hughes yn sicrhau bod gan Siôn Ifan rywfaint o arian yn ei boced, ac wedi iddynt ddychwelyd i Foelfre, byddai Catherine Hughes hithau yn sicrhau bod gweddill y cyflog yn cyrraedd llaw Catrin Ifans. Adlewyrchai'r arferiad syml hwn un wedd ar fywyd y gymuned forwrol a swyddogaeth y ferch yn y gymuned honno.

Yn yr ysgrif hon trafodir gwaith ac amrywiol swyddogaethau merched yn y cymunedau morwrol yn ystod y bedwaredd ganrif ar bymtheg a hanner cyntaf yr ugeinfed ganrif, gan gynnwys y cyfleoedd a ddeuai i'w rhan a'r problemau a'u hwynebai. Yn ogystal, holir y cwestiwn: pa mor fatriarchaidd oedd y cymunedau hyn mewn gwirionedd?

Yn ôl haneswyr morwrol, prinder gwaith yng nghefn gwlad oedd y prif reswm paham yr oedd cynifer o bobl yng

19 Siôn Ifan (John Evans, g. 1859) a'i wraig Catrin y tu allan i'w cartref
ym Moelfre.

Nghymru ac mewn gwledydd eraill yn mynd i'r môr. Bu'r chwyldro diwydiannol yn ffactor allweddol gan fod y galw am longau a llongwyr yn cynnig gwaith a chyfle i'r sawl a oedd yn barod i fentro. Yn nhyb Basil Greenhill, yr hanesydd morwrol enwog, yr oedd y môr yn 'open road to prosperity'. Drwy weithio'n galed a meithrin ei grefft, gallai bachgen fynd yn llongwr ac yna'n fêt ac efallai'n gapten. Nid oedd y cyfle hwn i ennill dyrchafiad, cyflog da a statws cymdeithasol ar gael fel arfer i drigolion cefn gwlad. Gallai merched hefyd gyfrannu'n sylweddol yn y maes hwn. Ym Moelfre, er enghraifft, câi tad Henry Hughes, y cyfeiriwyd ato uchod, sef Thomas Hughes, gymorth ei wraig Elisabeth i drefnu ei fusnes yn hwylio'r glannau. Wedi iddo lwytho'i gargo, anfonai deligram ati yn eu tyddyn ym Moelfre a hithau wedyn a fyddai'n gyfrifol am adael i fasnachwyr lleol wybod pa bryd ac ym mhle y byddai'r cargo yn cyrraedd. Dibynnai llwyddiant y busnes, felly, ar gyfraniad Elisabeth Hughes. Gydag iechyd, parodrwydd i weithio'n galed a thipyn o lwc gallai llongwyr a'u gwragedd mewn cymunedau bychain ymddeol yn berchenogion llongau a sicrhau incwm ar gyfer eu henaint. Ar y llaw arall, talwyd pris uchel gan sawl teulu gan i nifer o longwyr golli eu bywyd ar y môr. Dioddefwyd tlodi mawr a chaledi wrth i weddwon llongwyr a'u plant amddifad geisio dal y ddeupen ynghyd heb incwm rheolaidd.

Heb amheuaeth yr oedd derbyn incwm rheolaidd yn un o brif fanteision bod yn briod â chapten neu longwr yn ystod y cyfnod hwn, er nad oedd hynny, mae'n siŵr, yn gwneud iawn am absenoldeb cyson y gŵr. Ond gellid dadlau nad effeithiai absenoldeb y gŵr ryw lawer ar waith beunyddiol gwraig y tŷ. Fel unrhyw wraig arall yn y cyfnod hwnnw, byddai gwragedd llongwyr yn ymgymryd â holl oruchwylion yr aelwyd, gan gynnwys bwydo, golchi, smwddio, glanhau a gwisgo'r plant ieuengaf. Y gwahaniaeth mawr o safbwynt y gymuned forwrol oedd bod y tad yn absennol am gyfnodau maith a bod disgwyl i wraig llongwr fod yn fam ac yn dad i'r plant. Hi a oedd yn gyfrifol am bob agwedd ar fywyd y cartref a'r teulu, gan gynnwys disgyblaeth. Derbyniai'r tad a'r plant fod hynny'n rhan annatod o swyddogaeth y fam. Gellid dadlau bod sawl mam mewn sawl cartref ar hyd a lled y wlad yn gweithredu fel rheolwraig ac fel disgyblwraig, ond yn y gymuned forwrol derbynnid hynny'n ddigwestiwn.

Y fam yn y gymuned forwrol fyddai hefyd yn sicrhau gwaith i feibion y pentref. Er bod sawl ffordd o sicrhau gwaith, er enghraifft drwy gyfrwng cysylltiadau teuluol, yr oedd hynny'n gyffredin yn y rhan fwyaf o ardaloedd. Un elfen unigryw yn y gymuned forwrol, fodd bynnag, oedd arferiad y fam o fynd at wraig capten i holi am le ar gyfer ei mab ar long ei gŵr. Aeth degau o fechgyn i'r môr yn sgil

20 Fron-deg, Aber-porth, cartref teulu James Jenkins, cwmni llongau Jenkins Brothers, Caerdydd, a weithredai megis swyddfa recriwtio yng Ngheredigion.

sgwrs ragarweiniol rhwng dwy fam. Cymunedau bychain clòs oedd llawer o'r cymunedau morwrol a hawdd y gellid magu'r math hwn o gysylltiad. Ar y llaw arall, erbyn diwedd y bedwaredd ganrif ar bymtheg a degawdau cynnar yr ugeinfed ganrif yr oedd y dirywiad yn y fasnach arfordirol draddodiadol yn peri bod mwy a mwy o ddynion o'r cymunedau morwrol yn troi i gyfeiriad y porthladdoedd mawr a'r cwmnïau llongau mawrion am waith. Gan fod cynifer o'r teuluoedd a drigai mewn trefi fel Lerpwl a Chaerdydd yn hanu yn wreiddiol o gymunedau morwrol arfordir Cymru, yr oedd cysylltiadau teuluol yn parhau'n bwysig, ond nid i'r un graddau ag yn y gorffennol. Eithriad prin iawn, mae'n debyg, oedd y sefyllfa a fodolai yn Aber-porth, Ceredigion, lle y trigai Miss Anne Jenkins, chwaer James Jenkins, un o sylfaenwyr cwmni llongau Jenkins Brothers o Gaerdydd. Gweithredai cartref y teulu, sef Fron-deg, yn Aber-porth, bron fel swyddfa recriwtio gan mai yno yr âi llanciau'r fro i chwilio am eu cyfle cyntaf i hwylio'r moroedd. Ond, er ei fod yn eithriad, parhad ar draddodiad oedd y dull hwn o gyflogi ac yr oedd swyddogaeth y ferch yn y gweithgarwch yn hanfodol.

Yn y diwydiant pysgota yr oedd cyfraniad merched yn fwy gweithredol. Unwaith eto amrywiai'r cyfraniad hwnnw o ardal i ardal a hynny'n bennaf oherwydd natur y pysgota a geid mewn gwahanol ardaloedd. Bu casglu cocos a chregyn gleision yn bwysig mewn sawl rhan o Gymru dros y canrifoedd, yn enwedig yn ystod y chwyldro diwydiannol, ac ym Mae Ceredigion, er enghraifft, yr oedd i ferched ran bwysig yn y gwaith. Ym 1921 bu rhwng 200 a 250 o bobl yn casglu cocos yn ystod yr haf, a rhwng 100 a 200 yn y gaeaf. Merched o Ben-clawdd ym Morgannwg a phentrefi cyfagos oedd y mwyafrif llethol ohonynt. Merched hefyd a fyddai'n gyfrifol am werthu'r cynnyrch, a chyn i'r rheilffordd gyrraedd Pen-clawdd ym 1863 cerddent naw milltir yn droednoeth i farchnad Abertawe, gan gludo twb o gocos ar

eu pennau. Yr oedd nant ar gyrion y dref a adwaenid fel yr
Olchfa ac yno golchai'r merched eu traed cyn gwisgo eu
hesgidiau i fynd i mewn i'r dref.

Prif ganolfan casglu cregyn gleision Cymru oedd aber afon
Conwy. Ym 1835 nododd hanesydd lleol fod dynion,
merched a phlant yn eu casglu pan fyddai'r llanw ar drai.
Arferai rhai fynd allan mewn cychod tra byddai eraill,
llawer ohonynt yn ferched, yn gweithio ar y lan. Y drefn
oedd casglu sachaid o gregyn gleision, cerdded tair neu
bedair milltir i Gonwy, a didoli'r cregyn ar y cei. Yna aent
adref am fwyd cyn dychwelyd i gyfarfod y dynion a
gyrhaeddai yn eu llongau ar y llanw uchel.

Ond ni chwaraeai'r merched ran mor bwysig mewn
mathau eraill ar bysgota. Ym mhentref Moelfre bu pysgota
penwaig yn bur llewyrchus am gyfnod, ond dynion oedd
amlycaf yn y diwydiant hwnnw. Er bod traddodiad llafar yn
awgrymu bod ogof ar draeth y pentref yn y bedwaredd ganrif
ar bymtheg lle'r arferai'r merched drwsio'r rhwydi, yr oedd
natur gorfforol y gwaith, sef codi rhwydi'n llawn penwaig i
mewn i'r cychod, yn golygu nad oedd iddynt le amlwg yn y
diwydiant hwn. Ym Mae Ceredigion, fodd bynnag, yr oedd
glanio penwaig yn ddigwyddiad cymunedol, a byddai
merched a phlant yn tynnu'r cychod i'r lan yn glir o'r llanw
uchel, yn gwagio'r rhwydi ac yn cludo'r pysgod oddi yno.

Rhoddai'r môr gyfle i rai merched dawnus a disglair i
gyfrannu at fywyd y cymunedau morwrol mewn ffyrdd
unigryw eraill hefyd. Peth cyffredin iawn oedd i longwr, ac
yntau gartref ar ôl mordaith hir, dreulio cyfnod mewn ysgol
fordwyaeth leol. Merched megis Sarah Rees, neu
Cranogwen, merch i'r meistr-forwr John Rees o Langrannog,
oedd nifer o'r athrawon yn yr ysgolion hynny. Cafodd
Cranogwen brofiad helaeth o'r môr a'i bethau gan iddi
hwylio'n aml gyda'i thad ar ei getsh fach cyn troi at
fordwyaeth. Ond yr enwocaf o blith yr athrawon hyn oedd
Edwards, a fu'n dysgu mordwyaeth a morwriaeth yng

21 Miss Gwladys Roberts o Gonwy yn casglu cregyn gleision
ar lan y môr.

22 Gwerthwraig cocos o Ben-clawdd ym marchnad Abertawe
yn y 1930au.

Nghaernarfon o tua 1830 tan ei marwolaeth yn 79 mlwydd oed ym 1889. Dengys canlyniadau arholiadau'r Bwrdd Masnach a gyhoeddwyd yn *Y Genedl Gymreig*, 26 Rhagfyr 1878, fod 32 o longwyr llwyddiannus, yn gapteiniaid ac yn ail swyddogion, o ogledd sir Gaernarfon a de Môn yn bennaf, wedi eistedd wrth draed Mrs Edwards, yr athrawes enwog mewn Morwriaeth o New Street, Caernarfon. Hi fu'n gyfrifol am ddysgu bron pob un o'r dynion o ardal Caernarfon a ddaeth yn ddiweddarach yn feistr-forwyr. Fe'i gwobrwywyd am ei gwaith pan dderbyniodd bensiwn y wladwriaeth gan y Frenhines Victoria yn sgil pwysau a ddygwyd gan Ryddfrydwyr Cymreig amlwg ym myd y diwydiant llongau. Dyma enghraifft brin o gydnabyddiaeth swyddogol i wraig a gyfrannodd yn helaeth i fywyd morwrol y bedwaredd ganrif ar bymtheg.

Môn oedd un o'r ardaloedd arloesol yn yr ymgyrch i geisio achub bywydau ar y môr. Symbylwyd James a Frances Williams i weithredu ym 1823 ar ôl iddynt weld paced hwylio yr *Alert* yn suddo gyda chant a deugain o bobl ar ei bwrdd. Gwnaeth Frances Williams lithograff o sgets a luniwyd ganddi adeg ymweliad y Brenin Siôr IV â Chaergybi ym 1821. Gwerthodd gopïau o'i gwaith a sefydlodd gronfa i wobrwyo'r rhai a ymdrechai i achub bywyd neu eiddo ar y môr. Yn bennaf oherwydd ei hymdrechion derbyniodd Môn ei bad achub cyntaf ym 1828. Ond gan fod arfordir yr ynys mor beryglus sylweddolodd Frances Williams a'i gŵr fod angen mwy nag un bad achub. Felly, yn Rhagfyr 1828 sefydlwyd yr Anglesey Association for the Preservation of Life from Shipwreck, a rhwng 1829 a 1856, pan ddaeth y Gymdeithas yn rhan o'r RNLI, achubwyd dros 400 o fywydau gan fadau Môn. Nid codi arian fu unig gyfraniad Frances Williams. Ar un achlysur, pan glywodd fod ceidwad y goleudy ar y Moelrhoniaid yn wael ac angen cymorth meddygol, aeth hi a'i gŵr mewn bad trwy dywydd difrifol i roi cymorth iddo. Yn sicr, y mae hanes y wraig ryfeddol hon yn haeddu sylw gan ei fod yn adlewyrchu swyddogaeth unigryw rhai merched yn y gymuned forwrol.

Ond prin oedd y merched a gâi gyfle i gyfrannu at ddysgu mordwyaeth neu i helpu pobl mewn helbul ar y môr. Mwy cyffredin o lawer oedd y cyfle a ddeuai i wragedd yn y cymunedau morwrol, neu i fod yn fanwl gywir i wragedd capteiniaid, i hwylio'r moroedd a gweld y byd. Nid capteiniaid llongau mawr yn unig a hwyliai i bedwar ban byd ychwaith. Gallai gwraig capten llong a hwyliai'r glannau hefyd deithio gyda'i gŵr i amrywiol borthladdoedd yn yr Ynysoedd Prydeinig ac ar y Cyfandir. Y mae'n bosibl fod Elizabeth Lewis, merch y meistr-longwr Owen Lewis, Moelfre, wedi hwylio'r moroedd cyn priodi a'i bod, o'r herwydd, yn dra chyfarwydd â'r môr. Wedi iddi briodi Capten Henry Roberts ym 1914 treuliodd ei mis mêl ar yr *Earl of Lathom* yn cludo llechi o Gaernarfon i Hamburg ac oddi yno i Boulogne, Ipswich, Newcastle a Pentewan cyn dychwelyd i Foelfre.

Ni fu profiad Grace Owen o Nefyn mor rhamantus. Ym mis Tachwedd 1905 priododd â'r Capten William Davies a hwylio yn ei gwmni ar y *Gwydyr Castle*. Cyflwynwyd hi i fywyd helbulus y môr pan ddymchwelodd y llong cyn cychwyn oherwydd camgymeriad wrth ei llwytho. Ailgodwyd y llong a hwyliodd o Lundain ddeng niwrnod cyn y Nadolig. Cam cyntaf y fordaith oedd hwylio drwy Fôr Iago Llwyd ac yr oedd y tywydd mor wael ar ddydd Nadolig fel y bu'n rhaid i'r criw i gyd fod ar y dec. Ond treuliodd Grace Davies druan bythefnos gyfan yn gorwedd yn ei bync yn rhy wan hyd yn oed i godi ei phen. Hawdd dychmygu bod ei hiraeth am ei chartref yn ddirdynnol. Ond wedi iddi gael ei thraed dani ymgynefinodd â bywyd ar y môr a chan ei bod yn athrawes hyfforddedig sefydlodd ddosbarth beiblaidd ar gyfer y criw. Bob prynhawn Sul cyfarfyddent yn salŵn y capten i ddarllen a thrafod yr Efengyl ac i ganu emynau. Ar ddiwedd y cyfarfod, ceid gwledd o de, sgons, jam a chacennau. Pa ryfedd fod y dosbarth mor boblogaidd!

Ond er i ferched fel hyn ymaddasu'n llwyddiannus i'w cynefin newydd, bywyd unig ydoedd. Byddent yn falch o gyrraedd porthladd a chael cyfle i gymdeithasu â theuluoedd, cyfeillion a gwragedd capteiniaid eraill. Pan gyrhaeddodd y *Gwydyr Castle* borthladd Sydney ar ôl taith o 98 diwrnod, manteisiodd Grace Davies ar y cyfle i gymdeithasu gyda ffrindiau ei gŵr. Y porthladd nesaf ar ei mordaith oedd Valparaiso yn Chile lle'r oedd tua 50 o longau yn sefyll, a Chymry'n gapteiniaid ar tua dwsin ohonynt. Yno cyfarfu Mrs Davies â gwraig David Roberts o Ddolgellau, capten y *Kirkcudbrightshire*. Bob nos Sul byddai'r capteiniaid yn cyfarfod yn salŵn y *Gwydyr Castle* i rannu newyddion a chanu emynau i gyfeiliant harmoniwm. Ni chyfyngid cyfarfodydd o'r fath i'r porthladdoedd ychwaith. Ym 1909, i'r gogledd o'r cyhydedd, daeth y *Langdale*, llong Capten Griffith Jones, Pwllheli, i gyfarfod y *Kirkcudbrightshire* dan y Capten David Roberts, Dolgellau. Yr oedd teuluoedd y ddau gapten ar y bwrdd ac, yng nghanol Môr yr Iwerydd, cafodd y ddau deulu de ar fwrdd y *Kirkcudbrightshire*. Prin oedd digwyddiadau fel hyn ond yr oeddynt yn werthfawr iawn i wragedd gan eu bod bob amser yn dyheu am gyrraedd y porthladd nesaf ar ôl mordaith hir, anodd ac unig.

Bu raid i sawl merch eni plentyn neu fagu teulu ifanc ar long. Cafodd nifer o blant eu geni naill ai mewn porthladdoedd pell neu ar y môr ei hun. Ganwyd dau blentyn i'r Capten Owen Jones, Cricieth, capten yr *Havelock*, a'i wraig Mary, ger Callao, Periw, y naill ym 1877 a'r llall ym 1879, wrth iddynt ddisgwyl am giwano. Aeth Ellen Jones, gwraig Capten Griffith Jones, rownd yr Horn o leiaf chwe gwaith yn y *Langdale*. Dim ond chwe mis oed oedd eu mab pan aeth ar y daith honno am y tro cyntaf a bu ar y llong hyd nes ei bod yn bryd iddo fynd i'r ysgol. Ganwyd eu merch ym 1909 ac fel hyn y nodwyd y ffaith yn foel gan Ellen Jones: 'Baby born in North Atlantic, 37? 42'N

23 Llongau yn disgwyl am giwano yn Ynysoedd Chincha.

33?W 5a.m.' Rhoddwyd enw addas iawn iddi – Môraned. Yn
ôl yr hanes, magwyd y fechan ar fisgedi caled a llaeth tun –
arwydd arall o'r caledi a wynebai wraig a geisiai fagu teulu
ar y môr.

Ar y llaw arall, câi'r gwragedd hyn gyfle i weld llefydd
nad oeddynt ond yn enwau ar fap i'r mwyafrif o bobl, er nad
oedd y profiad hwnnw bob amser yn ddymunol. Ym 1909,
tra oedd yn Callao, Periw, cafodd Grace Davies gyfle i
ymweld â'r Andes. Ar ei mordeithiau gwelodd fynyddoedd
iâ yn drifftio o Begwn y De ac yn cracio, gan wneud sŵn fel
taranau wrth gyrraedd dŵr cynhesach. Yn ôl ei mab, J. Ifor
Davies, er ei bod wedi wynebu helbulon mawr mwynhaodd
yr holl deithio a'r cyfle unigryw a gafodd i gyfarfod ffrindiau
mewn gwahanol rannau o'r byd a hefyd i ymweld â threfi,
dinasoedd,   gwledydd   a   chyfandiroedd   newydd.   Ond
atgoffwyd eraill yn aml fod pris uchel i'w dalu am y profiad
o hwylio'r byd. Yr oedd Grace Davies yn Valparaiso pan
gafwyd daeargryn mawr yno ac y chwipiwyd yr arfordir gan

lanw enfawr. Gwelodd Mrs Davies ddioddefaint enbyd ac effeithiodd hynny arni weddill ei hoes. Fel y nododd: 'All that I know for certain is that the incident shattered the lives of countless innocent people, and was an ordeal that I would never willingly pass through again.'

Yr oedd hwylio rownd yr Horn yn ddigon i brofi medr y capteiniaid a'r criwiau mwyaf profiadol, ac i godi ofn arnynt yn ogystal, fel y profodd Catherine Thomas, Llangybi, ar fwrdd y *Criccieth Castle* ym 1912, pan gafwyd stormydd anghyffredin o ffyrnig. Yr oedd ei gŵr, Robert Thomas, capten y llong, yn llongwr profiadol ac yn adnabod y moroedd hyn yn dda a Catherine Thomas hithau eisoes wedi hwylio ddwywaith o amgylch y byd. Y tro hwn, fodd bynnag, yr oedd ei mab pedair oed ganddi ac yr oedd hefyd yn disgwyl plentyn arall. Fin nos 14 Gorffennaf 1912, a'r *Criccieth Castle* bron â mynd rownd yr Horn yn ddiogel, gwaethygodd y stormydd. Yn gynnar fore Llun, trawyd y llong gan donnau anferth gan falurio'r llyw. Ymhen ychydig funudau yr oedd dŵr yn arllwys i mewn a bu'n rhaid estyn am y badau achub. Bwriad y capten oedd anelu am Ynysoedd y Malvinas, rhyw 180 milltir i ffwrdd, gyda'r bad hwyliau yn tynnu'r bad arall. Dim ond dwy gasgen fach o ddŵr, digon o fara am ddeg i ddeuddeg diwrnod ac un cas o gig tun a oedd ganddynt yn y ddau fad. Yr oedd y rhagolygon yn ddu iawn. Fore trannoeth, nid oedd golwg o'r ail fad yn unman. A hithau'n felltigedig o oer dechreuodd y criw golli arnynt eu hunain. Credai un dyn ei fod yn ôl ar y llong a chredai Capten Thomas ei hun ei fod yn gweld adeiladau a strydoedd. Y noson honno bu farw tri aelod o'r criw a rhoddwyd eu siwtiau oel i Mrs Thomas a'r mab i'w cadw'n gynnes. Bu farw deuddyn arall yn ddiweddarach. Fore Mercher golchwyd Capten Thomas ei hun dros yr ochr ond llwyddwyd i'w achub. O'r diwedd daethant i olwg goleudy Penrhyn Pembroke nid nepell o Port Stanley. Wedi cyrraedd y lan, torrwyd dillad rhewllyd Mrs Thomas a'i mab oddi amdanynt. Ofnid y byddai'n rhaid trychu traed y mab ond yn ystod y nos dechreuodd ei waed lifo unwaith eto. Bu farw dau arall o'r criw. Yn wyrthiol, wyth wythnos ar ôl glanio ganwyd merch i Catherine Thomas ac fe'i bedyddiwyd yn Mercy Malvina.

Ond nid tywydd enbyd oedd yr unig berygl a wynebai wragedd wrth hwylio'r moroedd. Yr oedd afiechydon hefyd yn rhan annatod o fywyd y môr. Bu farw gwraig Capten Thomas Barlow Pritchard tra oedd yn hwylio ar fwrdd y *Glenesslin*. Bu'n dioddef yn ystod mordaith ger arfordir Affrica ac aethpwyd â hi i'r lan yn Laurenco Marques, Mozambique, lle y bu farw. Yr oedd merched yn ymwybodol iawn o'r peryglon hyn. Cyfeiriai Ellen Owen, Tudweiliog, yn aml at ei hiechyd yn ei dyddiadur am 1881–2, a hithau'n hwylio ar y *Cambrian Monarch*, gan nodi ei bod 'yn iachach o lawer mewn towydd our nag ydwyf mewn towydd poeth'. Yr oedd hi'n ffodus mai hwylio i Awstralia a San Francisco yr oedd yn hytrach nag i borthladdoedd nitrad a giwano arfordir dwyrain De America. Cyfeiriwyd at y porthladdoedd hyn fel 'the last place that was made', yn rhannol oherwydd perygl afiechydon fel y dwymyn felen. Er enghraifft, er i Margaret Stephens, wrth gyrraedd Ynysoedd Chincha ym 1867, gyfeirio at bartïon ac arddangosfeydd tân gwyllt ar nifer o wahanol longau yn ei dyddiadur, nododd hefyd fod mab ifanc y capten wedi marw o 'yellow fever'. Er gwaethaf y tywydd braf a'r hwyl, byddai pawb a hwyliai i'r mannau anghysbell hyn yn ymwybodol o'r peryglon.

Lle bynnag y teithiai gwragedd, gwyddent y byddai stormydd mawrion yn debygol o ddigwydd ar ryw adeg neu'i gilydd. Ac yntau'n bedair ar bymtheg mlwydd oed ar y pryd, hwyliodd Henry Hughes o Youghal a Siôn Ifan y mêt ar y llong *William Shepherd*. Yr oedd gwraig y capten, Catherine, a'i baban hefyd ar fwrdd y llong. Y bwriad gwreiddiol oedd hwylio i Fangor gan fod Capten Hughes wedi clywed bod llwyth o lechi yn ei ddisgwyl yno, ond am dridiau cyfan bu'r tywydd mor ddychrynllyd fel nad oedd hi'n bosibl gweld dim. Yn ystod y storm clymwyd Catherine Hughes wrth gadair yn ei chaban a rhoddwyd y baban Jinnie mewn drôr! O'r diwedd llwyddwyd i gyrraedd porthladd yn ddiogel. Dysgodd Henry Hughes wers bwysig yn ystod y daith honno, sef peidio â rhoi elw ariannol o flaen diogelwch ei deulu. Ymfalchïai yn y ffaith na chollodd yr un aelod o'i griw drwy gydol ei yrfa forwrol.

Ni ddylid tybio mai teithwyr yn unig oedd y gwragedd hyn. Yr oeddynt yn ymwybodol iawn o natur gwaith eu gwŷr a'r peryglon a'u hwynebai yn feunyddiol. Hyd yn oed pan oedd ar ei gwyliau gyda'i gŵr, byddai Catherine Hughes yn llywio'r llong ar dywydd braf. Rhoddai hynny gyfle i'r criw i gael ychydig o gwsg. Byddai rhai gwragedd yn gweithio'n llawn amser ar y llongau. Tua'r flwyddyn 1897 aeth Elizabeth Jones a'i mam i weithio ar y *Gauntlet*, sgwner 120 tunnell a adeiladwyd yn Glasson Dock ym 1857. Capten y llong oedd ei thad, Capten Bob Jones, Amlwch, neu 'Hurricane Bob', fel y'i gelwid gan ei gyfoedion. Byddai mam Elizabeth Jones yn cynnig amrywiaeth ar fwydlen arferol y llongwr o fisgedi caled drwy ddarparu cabaits coch a menyn pot ar gyfer ei gŵr. Yn ddiweddarach dychwelodd Elizabeth Jones i'r môr fel cogyddes ac fel aelod o'r criw. Cyflawnai'r un gwaith â'r dynion, gan gynnwys dringo'r mast i'w lyfnu'n barod ar gyfer ei baentio. Ar dywydd gwael neu pan fyddai'r criw yn brin, byddai'n cadw gwyliadwriaeth gyda'r mêt. Ei hoff atgof, fodd bynnag, oedd hwylio i fyny'r Solent pan oedd ei thad yn sâl yn ei fync. Gan fod angen pob aelod o'r criw wrth yr hwyliau, pan ddaeth y peilot ar y bwrdd gwisgodd ei siwt oel a llywio'r llong i mewn i'r harbwr.

Ond yr oedd gan wragedd capteiniaid llongau hwyliau'r arfordir fantais dros wragedd capteiniaid y llongau fforen. Pan fyddai plentyn yn cyrraedd oed ysgol, yr oedd yn anos i wraig capten hwylio'n bell. Lle peryglus iawn oedd y môr ac yr oedd plant, wrth reswm, yn gallu bod yn ddireidus. Gallai gwragedd capteiniaid llongau hwyliau'r arfordir hwylio yn ystod gwyliau'r haf neu ar fordaith fer, gan ddychwelyd adref mewn trên. Yr oedd yn haws mynd â'r plant ar fordeithiau byr fel hyn, er bod angen gofal mawr arnynt. Caent gyfle i fod gyda'u gwŷr yn deulu gyda'i gilydd am ychydig wythnosau o leiaf. Efallai nad oedd yr un cyfle gan y gwragedd hyn i weld y byd mawr, ond tystiai nifer o wragedd pentref Moelfre a hwyliai gyda'u gwŷr fel hyn fod y mordeithiau'n rhai braf a'u bod yn ehangu eu gorwelion a'u profiadau.

Ond nid oedd cyfleoedd fel hyn ar gael i wraig a phlant y mêt a'r llongwr cyffredin. O fewn eu cymunedau yr oedd gwahaniaethau amlwg eraill rhwng bywyd gwraig y capten a bywyd gweddill gwragedd y cartrefi morwrol. Er bod gorchwylion beunyddiol pob gwraig yn gyffredin yn y cymunedau morwrol, yr oedd yr incwm a dderbyniai capten llong yn galluogi ei wraig i brynu nwyddau mwy drudfawr a moethus. Mewn nodyn at ei chwaer, cyfeiriodd Ellen Owen at gludo dodrefn, o San Francisco mae'n debyg: 'Dydd Merchar. 22 March 1882. Y mae genym lawer iawn o betha rhwng y ddodrefn a pob peth. y mau yn debig y bydd yn rhaid imi gael tair trol i fund ir Stassion i nol nhw adref . . .' Yn sicr, byddai gwragedd capteiniaid llongau fforen yn fwy tebygol o dderbyn nwyddau o bedwar ban byd, ac yr oedd hynny'n wir am y plant hefyd. Cofiai Beti Isabel Hughes fel y byddai ei thad, Capten Griff Griffiths, Sarn Mellteyrn, yn dod ag anrhegion gartref i'w mam, Lil, a'r plant:

> Bu fy chwiorydd a minnau hefyd yn cael ein gwisgo mewn ffrogiau lliw hufen wedi'u gwneud o ddefnydd shantung o China bob haf am flynyddoedd hyd syrffed! Cofiaf glywed fel y bu i Nhad rowlio llathenni o'r defnydd yma o amgylch ei gorff er mwyn ei guddio o dan ei ddillad i osgoi talu treth arno wrth ddod drwy'r Customs. Dro arall, daeth a kimonos o sidan main a pharasol o Siapan, les cywrain o Tenerife, cadeiriau

gwellt o Madeira, lliain bwrdd o gotwm gwyn o India a brodwaith llaw traddodiadol a thlws arno.

Yr oedd manteision o'r fath ar gael i wragedd capteiniaid llongau'r arfordir hefyd ar adegau. Er enghraifft, yn ystod yr Ail Ryfel Byd ac wedi hynny, yr oedd dogni'n golygu prinder gartref, ond gallai capten llong a hwyliai i Iwerddon fanteisio ar y cyfle i brynu nwyddau prin. Ond y fantais fwyaf oedd y cyflog a'r statws a ddeuai yn sgil bod yn wraig i gapten. Gwelir hynny'n eglur yn nyddiadur Ellen Owen:

> Mi fydd yn rit anoedd gan Tom rhoi gora ir mor, mi wn i ar y gora. y mae nhw am godi yn ai gyflog i 25 pound. mi wn i ar y gorau na lecith yr Onors yn tol iddo beidio mund efo hi. Y mae nhw yn meddwl llawer iawn o Tom. mi ddwedodd Capt. McGill . . . nad oes ganddynt yn ai emploi ddim capt gwerth ai alw yn Capt Ond y fo. ag un arall.

Yr oedd £25 yn sicr yn gyflog uchel iawn oherwydd hyd yn oed ar ddechrau'r ugeinfed ganrif dim ond £18 y mis a dderbyniai nifer o feistr-forwyr llongau hwyliau mawr. Erbyn blynyddoedd cynnar yr ugeinfed ganrif un arwydd o'r gwahaniaeth mawr rhwng bywyd gwragedd capteiniaid a gweddill gwragedd y pentref oedd y tai mawrion crand ar gyrion y pentref a adeiladwyd gan gapteiniaid. Adlewyrchai hynny eu hincwm a'u statws yn y fro, gan eu gosod ar wahân i deuluoedd eraill. Pan ddychwelodd Grace Davies i Nefyn ym 1912, er enghraifft, yr oedd mewn pryd i orffen y gwaith o oruchwylio adeiladu cartref newydd yn unol â dymuniad Capten William Davies.

Er gwaethaf y gwahaniaethau hyn, yr oedd natur bywyd llongwyr, beth bynnag fyddai eu swydd ar y môr, ar sawl ystyr yn gosod eu gwragedd i gyd ar yr un gwastad. Yr oedd absenoldeb capten a morwr o'r cartref yn achos pryder i bob mam a gwraig. Heb na radio na ffôn, dibynnent ar deligram,

24 Y capten, ei deulu a'r criw: Capten a Mrs Hugh Roberts, eu merch a'r criw ar fwrdd yr *Evelyn*, un o longau Porthmadog, 1895–6.

cerdyn post neu lythyr i gadw mewn cysylltiad â'u hanwyliaid. Weithiau hefyd derbynient neges neu lythyr gan longwr ar ei wyliau neu gellid dilyn hynt a helynt llongau drwy ddarllen *Lloyd's List,* fel y gwnâi merched Moelfre yn Institiwt y pentref. Mynegwyd teimladau cymysg y fam yn 'Cân y Morwr Bach', un o gerddi Maggie Owens, Ty'n Pwll, Moelfre:

> Gwel acw forwr bychan
> Yn gadael cartref clyd,
> Mae'n ysgwyd llaw a'i anwyl fam
> A'i dad a'r plant i gyd:
> Mae'r fam yn taer weddïo
> Ac yn och'neidio'n brudd,
> A'i dagrau gloewon rêd i lawr
> Fel perlau dros ei grudd.

Disgrifia'r gerdd rai o brofiadau William Owens ar y môr, a'r croeso twymgalon a gâi pan ddychwelai adref:

> Nis gallaf ro'i disgrifiad
> Am deimlad mam a thad,
> Pan ddaw eu bachgen hoff yn ôl
> Yn iach i'r anwyl wlad;
> Fe adrodd iddynt hanes
> Am wlad y Negro du,
> Ac am Awstralia, gwlad yr aur,
> Yn wastad fel y bu.
>
> Bydd ganddo beth tybaco
> I'w ffrindiau hoff dinam,
> Ac hefyd bwys neu ddau o de
> Yn rhodd i'w anwyl fam.
> I'w dad fe ddaw a phibell,
> A shawl i Maggie Ann,
> A top a phel i'w frodyr ddaw
> I chwareu yn mhob man;

Ac Ellen Jane gaiff ddolly
I'w gwasgu at ei bron,
Gwna hyn y teulu cyfan cu
Yn llawen ac yn llon.

Gan fod cynifer o ddynion yn troi i'r môr i ennill
bywoliaeth, ac o'r herwydd oddi cartref am gyfnodau maith,
gellid dadlau bod y cymunedau arfordirol yn rhai
matriarchaidd lle y chwaraeai'r ferch ran amlwg yn y cartref
a'r gymuned, gan dra-arglwyddiaethu ar bob agwedd ar
fywyd beunyddiol y cymunedau hynny. Ategid hyn gan yr
awdurdodau morwrol. Ar ddiwedd y bedwaredd ganrif ar
bymtheg ac yn y blynyddoedd hyd at 1914 bu'r llywodraeth
yn awyddus i ddenu llongwyr i'r Royal Naval Reserve.
Testun syndod i'r awdurdodau oedd y ffaith fod cyn lleied o
ddynion mewn ardal fel Porthmadog yn ymaelodi, a thybiai
Robert Jackson, swyddog yn swyddfa'r Registrar General of
Seamen, mai'r prif reswm oedd y ffaith fod y cymunedau
hynny'n rhai matriarchaidd. Yn draddodiadol, y merched a
wnâi'r penderfyniadau a hwy hefyd a ofalai am y bythynnod
a'r mân-ddaliadau tra byddai'r dynion ar y môr. Meddai
Jackson: 'The men in this District . . . are under petticoat
government and the ladies do not like the Naval Reserve.'
     Ond pa mor wir oedd hyn yn achos mwyafrif y
cymunedau morwrol? Y mae'n ddiau fod llawer o ddynion
yn y cymunedau hyn yn hwylio ar draws y byd am
flynyddoedd a bod canran uchel ohonynt, felly, oddi cartref
am gyfnodau hir ar y tro. Ond mewn nifer o gartrefi nid
oedd y gŵr o reidrwydd i ffwrdd am gyfnodau maith. Byddai
rhai ohonynt, er enghraifft, yn gadael eu llongau yn yr
hydref ac yn troi at bysgota. Golygai hynny eu bod gartref
yn ystod misoedd y gaeaf o leiaf. Yr oedd hynny'n wir am
nifer o gymunedau ym Mae Ceredigion cyn y Rhyfel Mawr
ac yr oedd yr un peth yn wir am bentref Moelfre pan gafwyd
adfywiad dros-dro yn y diwydiant pysgota penwaig yn y

1920au. Mewn cymunedau morwrol nid oedd yn anodd sicrhau lle ar long, a hwylusid hynny gan gysylltiadau teuluol a'r ffaith fod capteiniaid a llongwyr cyffredin yn cymysgu â'i gilydd yn feunyddiol. O'r herwydd mater bach oedd gadael llong, bod gartref am ychydig, ac yna ddychwelyd i'r môr. Hefyd, tueddai'r mwyafrif llethol o ddynion mewn pentref fel Moelfre i weithio ar longau'r glannau a hwylio i borthladdoedd Iwerddon, gogledd Cymru a gogledd-orllewin Lloegr. Rhoddai hyn gyfle iddynt i hwylio heibio eu cartrefi yn rheolaidd. Cerddai'r dynion hynny a angorai ym Mhorth Penrhyn ym Mangor ar nos Wener adref i'r Felinheli neu i bentrefi Môn, gan ddychwelyd erbyn bore Llun. Dro arall byddai llongau yn angori yn y bae ger cartref y llongwyr, gan sicrhau rhai oriau iddynt yng nghwmni eu teuluoedd. Hyd yn oed wedi'r dirywiad ym masnach yr arfordir a sefydlu'r diwydiant llongau yn nwylo cwmnïau mawrion, yr oedd digon o gyfleoedd yn lleol i longwyr i ymuno â llong, neu i adael llong. Yn achos pentref Moelfre byddai nifer mawr o longau yn cysgodi yn y bae, a cheid cyfle i adael llong neu i ymuno â llong hyd yn oed wedi'r Ail Ryfel Byd. Wrth gwrs, golygai'r newid ym mhatrwm masnach fod mwy o ddynion yn hwylio ymhellach ac am gyfnodau hwy ar y tro, ond erys y ffaith fod digon o ddynion yn byw yn y pentrefi o hyd.

Ceir cadarnhad o'r casgliadau hyn yn nhystiolaeth cyfrifiad 1891. Yn y flwyddyn honno, o'r 63 o dai ym Moelfre yr oedd 49 o'r penteuluoedd yn ddynion, a 40 o'r rheini yn llongwyr neu'n bysgotwyr. Yr oedd gweddwon yn benaethiaid ar ddeuddeg o gartrefi, gydag un wraig ddibriod yn bennaeth ar un cartref. Y mae'r ffaith fod 14 o'r llongwyr oddi cartref adeg y cyfrifiad yn golygu mai merched oedd penaethiaid 22 o gartrefi'r pentref y pryd hwnnw.

Er y dengys y ffigurau hyn fod traean cartrefi'r pentref dan ofal merched, nid ydynt yn dangos y darlun cyfan. Os yw'r cyfrifiad yn rhoi cipolwg byrhoedlog cywir, yr oedd hanner y llongwyr gartref ar unrhyw un adeg, ffaith sy'n awgrymu'n gryf na châi'r merched gyfle i dra-arglwyddiaethu dros y gymuned. Yn ogystal â hyn, yr oedd wyth penteulu yn ddynion sylweddol o ran eu hincwm a'u statws yn y pentref, gan gynnwys masnachwr blawd, adeiladwr a phostfeistr. Gweddwon oedd yn cadw tair siop y pentref, ond ymgais i ddal dau ben llinyn ynghyd yn hytrach na busnes ydoedd mae'n debyg, ac yr oedd mab un ohonynt, a oedd yn llongwr, gartref adeg y cyfrifiad. Am weddill y gweddwon hynny, yr oedd dwy yn byw ar eu hincwm ac un yn wniadwraig. Ni cheir cofnod fod gan y chwech a oedd yn weddill unrhyw 'waith'. Yr oedd un o'r chwech hyn yn cadw morwyn ac un arall yn cadw lletywraig, ac yng nghartref tair arall yr oedd llongwr – naill ai brawd neu fab – yn preswylio. Yn achos yr unig wraig sengl a oedd yn bennaeth ar ei chartref ei hun, yr oedd 'llongwr' yn aros gyda hithau hefyd, sef ei nai 13 mlwydd oed. Ymddengys, felly, fod y merched hynny a oedd yn benaethiaid ar eu cartrefi eu hunain yn ddibynnol, mewn sawl achos, ar longwr. Dibynnai'r cymunedau morwrol matriarchaidd yn economaidd ar ddynion y môr, ond y merched a oedd yn llwyr gyfrifol am y cartref. Gan fod cynifer o ddynion gartref ar unrhyw un adeg, ni châi'r merched gyfle i dra-arglwyddiaethu ar unrhyw agwedd ar fywyd y pentref ac y mae'n gwbl sicr nad oedd ganddynt awydd i wneud hynny beth bynnag, o gofio natur geidwadol cymdeithas gefn gwlad y pryd hwnnw.

Câi rhai merched gyfle i fanteisio ar eu cysylltiadau morwrol drwy fuddsoddi mewn llongau. Gellid gwneud hynny drwy brynu cyfranddaliadau, a werthid fel arfer yn 64 rhan. Ceid amrywiaeth eang o gyfranddalwyr, nid yn unig o safbwynt eu statws cymdeithasol ond hefyd o ran eu lleoliad daearyddol. Yn sicr, ni chyfyngid y cyfranddalwyr i blwyfi'r arfordir yn unig. Ond os ydyw'n wir fod y cymunedau morwrol yn gymunedau matriarchaidd a gynigiai gyfleoedd i ferched i lwyddo'n economaidd, awgryma'r term 'cymunedau matriarchaidd' yn y cyswllt hwn yn gryf eu bod yn buddsoddi'n sylweddol. Ond nid felly yr oedd. Mewn astudiaeth o fuddsoddwyr mewn pedair llong ar hugain a oedd yn gysylltiedig mewn rhyw ffordd â phlwyf Llanallgo, sy'n cynnwys pentref Moelfre, yn y cyfnod rhwng 1780 a 1820, dim ond un wraig a oedd yn berchennog-danysgrifiwr allan o gyfanswm o 65, tra oedd saith gwraig allan o 52 o unigolion yn berchennog cyffredin. Dyna gyfanswm o 8 allan o 117 o fuddsoddwyr. Yn ei lyfr *Ships and Seamen of Anglesey* cyflwynodd Aled Eames wybodaeth gyffelyb ynglŷn â 33 o longau o wahanol rannau o'r ynys yn y cyfnod rhwng 1786 a 1846, ac y mae'r ffigurau sydd ganddo ef yn ddigon tebyg i'r sefyllfa ym mhlwyf Llanallgo, sef mai dim ond 14 o ferched a oedd yn gyfranddalwyr allan o gyfanswm o 167. Beth oedd galwedigaethau'r merched hyn? Fel y gellid disgwyl, yr oedd nifer ohonynt yn weddwon (naw i gyd), ac y mae'n fwy na thebyg mai dod yn gyfranddalwyr drwy eu gwŷr a wnaethant. Yr oedd dwy yn cadw siop, un yn wniadwraig ac un yn dafarnwraig. Yr oedd un arall yn wraig i ffermwr a oedd hefyd yn buddsoddi mewn nifer o longau. Merched dibriod oedd yr wyth a oedd yn weddill. Ymddengys, fodd bynnag, fod gan bron pob un o'r wyth hynny frawd neu dad a oedd yn fuddsoddwr. Yn sicr, felly, nid merched oedd prif fuddsoddwyr y cymunedau morwrol, er ei bod yn bwysig nodi bod eu cysylltiad â'r môr yn rhoi cyfle i rai ohonynt i elwa'n ariannol.

Cyfeiria'r ffigurau uchod at ddiwedd y ddeunawfed ganrif a hanner cyntaf y bedwaredd ganrif ar bymtheg. Ond erbyn y 1870au a dechrau'r 1880au yr oedd diddordeb anhygoel mewn llongau hwyliau mawr a chyfle gwych i drigolion i fuddsoddi ynddynt. Gwelodd Miss Margery Roberts o Bwllheli ei chyfle. Yr oedd hi'n chwaer i'r Capten Robert Roberts, Isfryn, Penyberth, ac ar 20 Awst 1884 prynodd ddeg

cyfran yn y *Menai,* llong a berthynai i'r Menai Ship
Company. Ym 1885 hwyliodd y *Menai* i San Francisco,
Shanghai, Rangoon, Melbourne, gan wneud elw o £2,109, ac
yn sgil hynny derbyniodd Miss Roberts siec am £13 am ei
chyfran yn y llong. Yn ystod y blynyddoedd canlynol
amrywiodd yr elw hwn, ond dengys yr enghraifft hon werth
buddsoddiad doeth i ferch uchelgeisiol.

Ond a oedd rhan merched yn y buddsoddi hwnnw wedi
cynyddu'n sylweddol erbyn blynyddoedd olaf y bedwaredd
ganrif ar bymtheg? Unwaith eto, rhaid diolch i Aled Eames
am ddarparu yn ei lyfr *Ventures in Sail* restr o longau
hwyliau ym meddiant perchenogion o'r hen sir Gwynedd a
rhai o Gei Conna ym 1881. Allan o 673 o longau, dim ond
14 a oedd yn nwylo merched. Felly, ni fu cynnydd
gwirioneddol yn ystod y ganrif. Y mae enghraifft unigol yn
cadarnhau hyn. Pan adeiladwyd y llong *Kate Thomas* gan
Gwmni William Thomas ym 1885 cafwyd 79 o
gyfranddalwyr a chyfanswm o 165 o gyfranddaliadau. Dim
ond 13 ohonynt a oedd yn ferched ac o'r rheini yr oedd wyth
yn briod. Dwy yn unig a nododd eu galwedigaeth, y naill yn
cadw tŷ tafarn yr Union yn Nhrefriw a'r llall yn cadw
swyddfa'r post yn Llanrug. Gwelir felly fod rhai merched yn
parhau i fanteisio ar y cyfle i fuddsoddi drwy gydol y ganrif,
ond nad oeddynt yn tra-arglwyddiaethu.

Gellid dadlau bod y cymunedau morwrol yn rhoi cyfle i
ferched i fanteisio yn economaidd mewn ffordd arall hefyd.
Gan fod nifer uchel o ddynion yn absennol, gallent lenwi'r
bwlch ym myd busnes. Ym Mhwllheli ym 1851 yr oedd y
mwyafrif o alwedigaethau yn swyddi i ddynion. Yn naturiol
yr oedd merched yn cyflawni swyddi hefyd, ac yn eu plith
ceid gwniadyddes, gwneuthurwr bonedau a chrysau,
pobydd, siopwraig a thafarnwraig. Ond nid oeddynt yn y
mwyafrif. Os oedd y gymuned forwrol yn rhoi cyfle i
ferched i'w hamlygu eu hunain yn economaidd, gellid
disgwyl iddynt fod yn fwy amlwg fel siopwyr a thafarnwyr.

Ond o'r 31 o berchenogion siopau a masnachwyr ym Mhwllheli, dim ond chwech a oedd yn ferched. Yn achos y tafarndai yn y stryd fawr, yr oedd pump o'r un dafarn ar ddeg yn nwylo gweddwon. Hawdd gweld bod merched yn cael cyfle i chwarae rhan ym mywyd masnachol y trefi a'r pentrefi morwrol, felly, ond camarweiniol fyddai tybio eu bod yn chwarae rhan fwy blaenllaw yn y cymunedau hynny nag mewn cymunedau eraill. Yn sicr, nid oes dim i awgrymu bod y cymunedau morwrol yn gymunedau matriarchaidd.

Pa gasgliadau y gellir eu cynnig am y cymunedau morwrol matriarchaidd? Yn sicr, yr oedd cyfle i wragedd capteiniaid, yn enwedig capteiniaid a oedd naill ai'n berchen ar eu llongau eu hunain neu'n gapteiniaid llongau hwyliau mawr, i ymweld â llefydd y tu hwnt i'w milltir sgwâr ac i wella eu safon byw. Yn amlwg, nid oedd hynny'n wir am wraig llongwr cyffredin, oni chodai'r llongwr hwnnw i safle capten. O fewn y cartref, yr oedd swyddogaeth gwraig y capten a gwraig y llongwr cyffredin yn ddigon tebyg, a gellir dweud bod y cartrefi hyn, i raddau helaeth iawn, yn gartrefi matriarchaidd. Yr hyn sy'n amlwg, fodd bynnag, yw nad oedd y cymunedau morwrol yn gymunedau matriarchaidd yn yr ystyr fod merched yn tra-arglwyddiaethu arnynt yn economaidd, yn gymdeithasol, yn wleidyddol ac yn ddiwylliannol. Myth yw'r darlun traddodiadol o bentrefi a threfi morwrol fel cymunedau matriarchaidd.

DARLLEN PELLACH

J. Ifor Davies, *Growing Up Among Sailors* (Gwasanaeth Archifau Gwynedd, *c.* 1983).

Aled Eames, *Meistri'r Moroedd* (Dinbych, 1978).

Aled Eames, *Ships and Seamen of Anglesey 1558–1928: Studies in Maritime and Local History* (Llundain, *c.* 1981).

Aled Eames, *Gwraig y Capten* (Caernarfon, 1984).

Aled Eames, *Ventures in Sail: Aspects of the Maritime History of Gwynedd, 1840–1914, and the Liverpool Connection* (Caernarfon, 1987).

Robin Evans, 'Traddodiad Morwrol Moelfre, 1841–1891', *Cymru a'r Môr*, 16 (1994).

Beti Isabel Hughes, *O Su y Don: Hanes Teulu Morwrol o Wynedd, 1840–1950* (Dinbych, 1990).

David Jenkins, *Jenkins Brothers of Cardiff: A Ceredigion Family's Shipping Ventures* (Caerdydd, 1985).

J. Geraint Jenkins, *The Inshore Fishermen of Wales* (Caerdydd, 1991).

Lewis Lloyd, *Pwllheli: The Port and Mart of Llŷn* (Caernarfon, 1991).

'CYMRY EWYRTH SAM': CREU HUNANIAETH GYMREIG YN YR UNOL DALEITHIAU c. 1860–1900

Daniel Williams

Amerig yw'r wlad wyf yn garu
Mae'r wybren yn glir ac yn iach;
Ei dyfroedd grisialaidd estynant
Drugaredd i'r mawr ac i'r bach.
Y pleidiau fu gynt yn ymryson,
Gefnogant lywyddiaeth heb gam:
Un doeth yn ei ffyrdd a'i gynlluniau
Bob amser y ce's 'Fewyrth Sam.

'Glanmarddwr', *Y Drych* 1885

Ym 1881 pasiwyd Deddf Cau Tafarnau Cymru ar y Sul. Yr oedd yn foment hanesyddol nid yn unig am ei bod yn cynrychioli buddugoliaeth arwyddocaol i'r mudiad dirwest, ond hefyd am mai dyma pryd y cydnabu'r wladwriaeth Brydeinig fodolaeth cenedl y Cymry yn swyddogol am y tro cyntaf. Ond nid Prydain oedd y wladwriaeth fodern gyntaf i gydnabod bodolaeth y genedl Gymreig. Cydnabuwyd Cymreictod gan Wasanaeth Mewnfudo'r Unol Daleithiau ym 1875, ac o hynny ymlaen bu'n bosibl i ymfudwyr i'r Unol Daleithiau eu disgrifio eu hunain yn Gymry. Gellir honni, felly, mai'r Americanwyr a greodd y Gymru fodern. Anwybyddir holl gymhlethdodau hanes mewn datganiad cyffredinol o'r fath, wrth gwrs, ond dylai'r ffaith seml hon awgrymu na ellir cynnig dadansoddiad cyflawn o dwf ymwybyddiaeth genedlaethol ymhlith Cymry'r bedwaredd ganrif ar bymtheg heb ystyried dylanwad yr Unol Daleithiau.

Yn ystod yr ugain mlynedd diwethaf cafwyd twf aruthrol yn nifer yr ymdriniaethau hanesyddol, gwleidyddol a llenyddol â chenedlaetholdeb a chenedligrwydd. Ers cyhoeddi cyfrolau dylanwadol fel *The Invention of Tradition* (1983) dan olygyddiaeth Eric Hobsbawm a Terence Ranger, a chyfrol arloesol Benedict Anderson, *Imagined Communities* (1983), bu'r syniad o 'ddyfeisio', 'dychmygu' neu 'greu' hunaniaeth yn ganolog i drafodaethau ar genedligrwydd. Awgrymir yn y cyfrolau hyn ei bod yn anghywir rhagdybio bod pobl bob amser wedi eu diffinio eu hunain yn Gymry, neu yn Saeson neu yn Ffrancwyr. Yn hytrach, cysyniadau a grëwyd i ddiwallu anghenion economaidd a diwylliannol penodol yw cenhedloedd a chenedligrwydd. Erbyn hyn gellir rhannu'r rhai sy'n trafod cenedligrwydd, yn fras, yn ddwy garfan. Ar y naill law ceir 'y modernwyr' a ystyria genedlaetholdeb yn greadigaeth fodern a'i gwreiddiau yn nhwf cenedl-wladwriaethau y

129

bedwaredd ganrif ar bymtheg. Ar y llall ceir 'yr hynafwyr', sy'n ystyried cenedlaetholdeb yn ffenomen lawer hŷn a dyfodd o hunaniaethau llwythol ac ethnig yr Oesoedd Canol a chyn hynny. Hwyrach mai Gwyn A. Williams oedd y cyntaf o haneswyr Cymru i weld goblygiadau trin cenedligrwydd fel 'creadigaeth', a gellir ystyried ei ddadansoddiad ef o hanes Cymru, *When Was Wales?* (1985), yn ymdrech i droedio llwybr cul rhwng carfan y modernwyr a charfan yr hynafwyr. Credai Williams, fel y gwnâi modernwyr, fod cenedligrwydd yn cael ei greu a'i ail-greu yn ôl anghenion economaidd a gwleidyddol cymdeithas, ond dilynodd yr hynafwyr wrth ddadlau bod y proses hwnnw wedi nodweddu hanes Cymru o'i ddechrau hyd heddiw.

Syniadaeth Gwyn A. Williams sy'n sail i'r drafodaeth sy'n dilyn, ac un o ganlyniadau'r pwyslais diweddar ar 'greu' neu 'ddychmygu' cenedligrwydd yw ymwybyddiaeth newydd o swyddogaeth llenyddiaeth mewn hanes. Bu'n arferiad ers tro i haneswyr drin llenyddiaeth fel adlewyrchiad o deithi meddwl cyfnod penodol, ond daeth yn amlwg wrth drafod y proses o greu cenedligrwydd fod awduron wedi chwarae rhan uniongyrchol yn y proses o ledaenu ac atgyfnerthu ymdeimlad o genedligrwydd ymhlith pobloedd. Y mae'n drawiadol cynifer o arweinwyr mudiadau cenedlaethol yr ugeinfed ganrif oedd yn llenorion, o Leopold Senghor yn Senegal i W. B. Yeats yn Iwerddon a Saunders Lewis yng Nghymru. Gellid dadlau i'r awduron hyn ddychmygu eu cenhedloedd mewn llenyddiaeth cyn iddynt fodoli yn wleidyddol. Mabwysiedir y dull hwn o ymdrin â llenyddiaeth yng nghyfrol ddiweddar Aled Jones a Bill Jones sy'n olrhain hanes prif bapur newydd y Cymry yn America, *Welsh Reflections: Y Drych and America* (2001). Dadleua'r awduron i'r *Drych* weithredu fel tipyn mwy na phapur newydd: 'it was also a highly ambitious cultural project that sought to define what it meant to be Welsh in America'. Hynny yw, nid papur newydd yn adlewyrchu digwyddiadau yn unig oedd *Y Drych*; yr oedd hefyd yn gyhoeddiad a chwaraeai ran ganolog yn y proses o greu neu ddychmygu hunaniaeth Gymreig.

Y mae'r ysgrifau a'r cerddi a gyhoeddwyd yng nghyfnodolion y Cymry yn America yn cynnig cipolwg ar un bennod fer, ond dadlennol, yn hanes hir creu ac ail-greu Cymreictod. Rhaid i unrhyw drafodaeth ar genedligrwydd roi sylw i'r cyd-destun diwylliannol ehangach, a'r hyn sy'n arbennig o ddiddorol am brofiad y Cymry yn America yw'r ffaith iddynt orfod creu hunaniaeth Gymreig y tu allan i ffiniau daearyddol Cymru a thu hwnt i'r cyd-destun Prydeinig. Wrth greu eu hunaniaeth Gymreig eu hunain yn yr Unol Daleithiau gallai'r Cymry droi at ffynonellau a ddefnyddiwyd eisoes i danlinellu eu harwahanrwydd cenedlaethol ym Mhrydain, er enghraifft, mytholeg Geltaidd, hanes yr Oesoedd Canol, yr iaith Gymraeg a'r traddodiad barddol. Ond yr oedd y Cymry yn America hefyd yn wynebu'r her o greu Cymreictod mewn cyd-destun cwbl wahanol lle'r oedd elfennau nodweddiadol Americanaidd yn weithredol o fewn y diwylliant, er enghraifft, hanes y Piwritaniaid, y genedl yn symbol o ragluniaeth fawr y nef, a'r freuddwyd o sicrhau cydraddoldeb. Rhaid edrych ar y berthynas rhwng dau gyd-destun wrth drafod yr amrywiol ffyrdd y ceisiodd y Cymry yn America drin a thrafod eu cenedligrwydd yn neugain mlynedd olaf y bedwaredd ganrif ar bymtheg. Ni ellir eu datgysylltu oddi wrth eu cefndryd yng Nghymru'r dwthwn hwnnw. Ond ni ellir ychwaith ddeall natur eu cenedligrwydd heb roi sylw teilwng i ddylanwad penodol y cyd-destun Americanaidd.

Ceir enghraifft drawiadol o'r modd y cyplysir elfennau Cymreig ac Americanaidd yn y proses o greu hunaniaeth mewn araith gan y nofelydd William Dean Howells, 'Wales: The Native Land of Fancy'. Ac yntau'n awdur nofelau megis *The Rise of Silas Lapham* (1885) a *A Hazard of New Fortunes* (1890), ystyrid Howells yn dad y nofel realaidd yn yr Unol Daleithiau. Yr oedd yn gyfaill i Mark Twain a Henry James, dau awdur sydd bellach dipyn mwy adnabyddus nag ef, ac yn ddylanwad pwysig arnynt. Ond ystyrid Howells yn brif lenor ei gyfnod y pryd hwnnw. Dengys ei lythyrau yn eglur ei fod yn ymwybodol o'i dras Gymreig drwy gydol ei oes ac y mae'n werth dyfynnu rhan helaeth o'r araith a draddododd ym 1895 yn ystod cinio Gŵyl Ddewi yn Efrog Newydd:

> The Welsh chief Owen Glendower, who held the English at bay for many years, no earlier than the fifteenth century, was regarded as little better than a myth by the Sasenachs of his own time, in spite of all the hard knocks he gave them ... As for some other Welsh fancies, I confess that I like to indulge them, and I feel free to do so because they flatter my pride ethnically and not personally. I like to think of myself the son of a people whose courage is as questionless as their history is blameless: of a race wedded from the first to the love of letters whose saints were scholars and whose princes were poets; whose peaceful rivalries in love and music at the Eisteddfods are immortal memorials of a golden age, in our iron times; and whose national name is a synonym for honesty, industry, sobriety, piety and all the other virtues and, so far as I know, none of the vices ... Our fancy has kept us first pure and then peaceable in all high ideals: and by force of the rarest imagination in history a certain Welshman whose name I mentioned at the beginning of these maunderings, was inspired in an age of bigotry and cruelty, simply to fancy himself in another man's place and to wish for his neighbor the same freedom he desired for himself. No one but a man of inspired fancy could have done this, and it remained for Roger Williams, so late as the seventeenth century, to imagine that principle of perfect spiritual charity, which none aforetime, holiest saint or wisest sage, had conceived of.

25 Y nofelydd a'r beirniad llenyddol William Dean Howells (1837–1920).

26 Tynnwyd y llun hwn o William Dean Howells *c.* 1903.

With him, with that greatest of all possible Welshmen, a new light came into the world, and men at last perceived that freedom to worship God meant the freedom of men to worship God, each in his own way, or even not at all.

Araith ysgafn fywiog oedd hon, ond y mae'n ymwneud yn uniongyrchol â chyd-destun diwylliannol a gwleidyddol y cyfnod ac yn cynnig man cychwyn addas ar gyfer y drafodaeth sy'n dilyn.

Wrth ddatgan bod Cymreictod yn gyfystyr â 'gonestrwydd, gweithgarwch, sobreiddiwch, duwioldeb a'r holl rinweddau eraill', yr oedd Howells yn atgyfnerthu'r ddelwedd o Gymreictod a feithrinwyd gan Gymry Oes Victoria ac a drosglwyddwyd ar draws yr Iwerydd. Ar yr olwg gyntaf ymddengys y bedwaredd ganrif ar bymtheg yn gyfnod llewyrchus i Gymru. Tyfodd y boblogaeth i bedair gwaith ei maint, bu cynnydd aruthrol mewn cyfoeth, denwyd addolwyr yn eu miloedd i'r capeli a'r eglwysi, tyfodd nifer y sefydliadau addysgol a ffynnodd y diwylliant Cymraeg. Bu cynnydd yn nifer y siaradwyr Cymraeg o ddegawd i ddegawd, cafwyd llu o gyhoeddiadau newydd Cymraeg eu hiaith, a phrofodd yr Eisteddfod atgyfodedig lwyddiant ysgubol. O safbwynt hanesyddol ymddengys fod y bedwaredd ganrif ar bymtheg yn gyfnod addas ar gyfer datblygu hunaniaeth genedlaethol hyderus ac ar gyfer esgor ar lenyddiaeth Gymraeg aeddfed ac arloesol.

Ond ni ddigwyddodd hyn. Un o brif ddigwyddiadau'r ganrif, yn ôl nifer o haneswyr, oedd Comisiwn Brenhinol 1847 i gyflwr addysg yng Nghymru, comisiwn a luniodd adroddiad a ddaeth yn adnabyddus fel 'Brad y Llyfrau Gleision'. Oherwydd gofid ynglŷn â thwf Ymneilltuaeth ymhlith y werin-bobl, diffyg addysg, ac aflonyddwch gwleidyddol a amlygwyd yng ngwrthryfel Merthyr (1831), ym mhrotestiadau'r Siartwyr (1839) a therfysgoedd Merched

Beca (1839–43) pwyswyd ar y llywodraeth i archwilio cyflwr
addysg yng Nghymru. Cafwyd sylwadau ar lawer mwy nag
addysg gan y tri chomisiynydd Seisnig yn eu llyfrau gleision
swyddogol a chysylltwyd anwybodaeth ac anfoesoldeb y
Cymry (yn enwedig y merched) â dylanwad Ymneilltuaeth
a'r iaith Gymraeg. Y mae Hywel Teifi Edwards wedi olrhain
yr ymateb paradocsaidd a gafwyd i 'Frad y Llyfrau Gleision'.
Ar y naill law arweiniodd yr adroddiad at ymwybyddiaeth
newydd o genedligrwydd ymhlith y Cymry, ac ar y llaw
arall arweiniodd sylwadau'r comisiynwyr at ymdrech fawr
gan lawer o Gymry i ymseisnigo ac felly i'w hail-greu eu
hunain ar ffurf Prydeinwyr ymarferol, rhesymol, a Saesneg
eu hiaith.

Yn y byd llenyddol arweiniodd y comisiwn a ysgogwyd
gan derfysgoedd mewn gwlad a thref at y math o
lenyddiaeth a gynrychiolid gan englyn enwog Taliesin o
Eifion:

> Cymru lân, Cymru lonydd, – Cymru wen,
>   Cymru annwyl beunydd;
>   Cymru deg, cymer y dydd,
>   Gwlad y gân, gwêl dy gynnydd.

Yr ansoddeiriau 'glân' a 'llonydd' oedd geiriau allweddol
cenedligrwydd y Cymry yn oes Victoria. Yr oedd
llenyddiaeth Gymraeg ddiwedd y bedwaredd ganrif ar
bymtheg yn llenyddiaeth 'bur', llenyddiaeth a ddathlai'r
iaith Gymraeg yn iaith y nefoedd, ac a ddelweddai Gymru
yn wlad lân a llonydd er mwyn profi i'r byd – neu'n fwy
penodol i'r Saeson – mai'r Cymry oedd y bobl fwyaf parchus
a heddychlon ar wyneb daear.

Nid oedd y proses o greu cenedligrwydd o fewn
gwladwriaeth ehangach yn brofiad newydd i'r Cymry a
ymfudodd i America. Yr oeddynt eisoes wedi bod wrthi'n
ddiwyd yn creu hunaniaeth a fyddai'n dderbyniol o fewn
cyd-destun Prydain Oes Victoria. Cariwyd y syniad o

Gymreictod a ffurfiwyd ym Mhrydain i America, a chlywir adlais cryf o'r meddylfryd hwnnw yn anerchiad William Dean Howells yn Efrog Newydd: 'Our fancy has kept us first pure and then peaceable in all high ideals', meddai Howells, gan dynnu ar y ddelwedd o Gymru fel gwlad heddychlon a phur, a nododd ei fod yn ei ystyried ei hun yn aelod o genedl 'whose courage is as questionless as their history is blameless'. Os atgyfnerthir y ddelwedd dra-arglwyddiaethol o Gymry Oes Victoria yn araith Howells, y mae'n bwysig nodi bod yr araith wedi ei chynllunio er mwyn apelio at werthoedd ideolegol y Cymry yn America yn ogystal. Tra oedd gan y Cymry draddodiad cenedlaethol balch y gellid ei olrhain i frwydrau Owain Glyndŵr yn erbyn y 'Sasenachs', yr oeddynt hefyd, ym mherson y Piwritan Roger Williams, wedi cyfrannu at hanes cynnar America. Un o'r gwladychwyr cynnar oedd Roger Williams (1603–83); gwrthwynebodd Biwritaniaeth lem Lloegr Newydd, gan ddadlau dros wahanu sefydliadau gwleidyddol y drefedigaeth oddi wrth yr eglwys. Ystyrid ef yn heretig gan ei gymdeithas ac fe'i halltudiwyd i Rhode Island lle'r ymdrechodd i ddysgu iaith y bobl frodorol a chyhoeddi *Key into the Languages of America* ym 1634. Yn Llundain y ganwyd Roger Williams yn ôl y cyfeirlyfrau diweddaraf, ond tybia rhai ei fod yn hanu o Geredigion. Nid oes unrhyw amheuaeth nad Cymro ydoedd, yn nhyb Cymry America – ymddangosodd sawl cerdd yn ymwneud â'i fywyd yn y 1890au – ac wrth gyfeirio at Roger Williams yr oedd Howells yn llunio hanes neilltuol ar gyfer y Cymry yn America a hefyd yn cyplysu hanes y Cymry â hanes America ei hun.

Y mae'n ddiddorol nodi yn y cyd-destun hwn i'r bedwaredd ganrif ar bymtheg weld ymdrech fawr ar ran yr Americanwyr eu hunain i danlinellu eu harwahanrwydd diwylliannol. Er sicrhau annibyniaeth oddi wrth Loegr yn y ddeunawfed ganrif, teimlai llawer o awduron ac artistiaid y

bedwaredd ganrif ar bymtheg ei bod yn bryd i'r Unol
Daleithiau ddatgan ei harwahanrwydd diwylliannol yn
ogystal â'i hannibyniaeth wleidyddol. Sefydlwyd yr Ŵyl
Ddiolchgarwch ('Thanksgiving') i ddathlu'r traddodiad
Protestannaidd, a gwnaethpwyd 4 Gorffennaf yn ddathliad
cenedlaethol er mwyn cofio'r Chwyldro a sicrhaodd
annibyniaeth ac er mwyn ysgogi ymwybyddiaeth o
genedligrwydd Americanaidd ymhlith y boblogaeth gyfan.
Lluniodd George Bancroft ei *History of the United States*
ym 1834 er mwyn creu seiliau hanesyddol i'r
ymwybyddiaeth genedlaethol hon, gan wreiddio diwylliant
America yng nghymdeithasau Piwritanaidd Lloegr Newydd.
Croesawyd ei lyfr gan y bardd a'r athronydd Ralph Waldo
Emerson fel 'a noble work' a ddylai ysbrydoli artistiaid
America wrth iddynt ymdrechu i roi mynegiant i
anferthedd ac amrywiaeth daearyddol gwlad 'that dazzles
the imagination'. Gwireddwyd geiriau Emerson yng
ngwaith arlunwyr yr 'Hudson School', ysgol dan
arweinyddiaeth Thomas Cole a droes ei chefn ar dirluniau
hanesyddol Ewrop, gan fynegi urddas pantheistig tirlun
America ar ganfasau anferth. Datgan arwahanrwydd
diwylliannol America a symbylodd William Dean Howells i
ysgrifennu ei nofelau realaidd hefyd. Ystyriai Howells
realaeth yn ddull o adlewyrchu cenedl wirioneddol
ddemocrataidd mewn llenyddiaeth, a honnodd y dylai
awduron America gyfrannu i'r prosiect o greu
ymwybyddiaeth genedlaethol: 'We strive to make each part
of the country and each phase of our civilisation known to
all other parts.'

   Nodweddwyd ail hanner y bedwaredd ganrif ar bymtheg,
felly, gan ymdrech ymwybodol gan awduron ac artistiaid
America i greu ac atgyfnerthu ymwybyddiaeth o
genedligrwydd yn eu gweithiau. Dyna oedd cyd-destun
araith William Dean Howells ar Gymru. Wrth grybwyll enw
Roger Williams porthai Howells y dyb gyffredin fod gan y

genedl Americanaidd wreiddiau Piwritanaidd, ac awgrymai hefyd ei bod yn bosibl bod yn Americaniad ac yn 'greatest of all possible Welshmen' yr un pryd. Os oedd modd bod yn Gymro ac yn Brydeiniwr ym Mhrydain, gellid hefyd fod yn Gymro balch ac yn Americanwr yn yr Unol Daleithiau. Cyplyswyd naratif cenedlaethol y Cymry â naratif cenedlaethol yr Unol Daleithiau wrth i Howells godi uwchlaw'r ffiniau a wahanai'r ddwy wlad. Awgryma uniad Howells o hanes cenedlaethol Cymru ac America nad mater syml o fabwysiadu delweddau o Gymreictod a ddatblygwyd yng Nghymru fu'r proses o greu Cymreictod yn yr Unol Daleithiau, ond yn hytrach fod hunaniaeth ethnig y Cymry yn America yn ymateb hefyd i ddylanwadau neilltuol America.

Yn ei waith dadlennol *Foreigners* (1981) dadleua Marcus Klein fod yr ymdrech i danlinellu gwreiddiau Piwritanaidd yr Unol Daleithiau wedi datblygu mewn ymateb i'r cynnydd aruthrol yn nifer y mewnfudwyr i America yn ail hanner y bedwaredd ganrif ar bymtheg. Cynyddodd poblogaeth yr Unol Daleithiau o 38,558,000 ym 1870 i 75,995,000 ym 1900, ac yr oedd mewnfudwyr yn cynrychioli traean o'r cynnydd hwnnw. Yn nhyb Klein, dull hanfodol adweithiol o danlinellu gwerthoedd Eingl-Sacsonaidd America oedd yr ymdrech i wreiddio hanes y genedl ym Mhiwritaniaeth Lloegr Newydd yn wyneb y llif cynyddol o fewnfudwyr o wahanol gefndiroedd ac ieithoedd i'r America ddiwydiannol. Os datblygwyd y syniad o Gymru dduwiol, lân a phur mewn ymateb i Frad y Llyfrau Gleision yng Nghymru, gellid ystyried pwyslais William Dean Howells ar yr un priodoleddau, a'i gyfeiriad at y Piwritan Roger Williams, yn rhan o ymdrech i danlinellu swyddogaeth ganolog y Cymry ym mywyd ac yn hanes yr Unol Daleithiau mewn cyfnod o densiynau ethnig.

Gan eu bod yn groenwyn ac yn aml yn medru'r Saesneg, ychydig iawn o ragfarn a ddangoswyd yn erbyn y Cymry o'u cymharu â nifer o bobloedd eraill. Eto i gyd, ar rai adegau, oherwydd eu hiaith a'u cefndir dosbarth-gweithiol yn bennaf, cyfeirid at y Cymry mewn termau rhagfarnllyd. Yn ddi-os, bu'r modd yr ystyrid y Cymry gan eraill yn ddylanwad ar y modd yr aethant ati i'w delweddu eu hunain, a gellir troi at lenyddiaeth y cyfnod am dystiolaeth o'r math o ragfarnau a wynebai'r Cymry wrth iddynt geisio ymsefydlu mewn cenedl newydd. Yn stori fer y nofelydd Hamlin Garland, 'God's Ravens', a geir yn ei gasgliad adnabyddus *Main Travelled Roads* (1891), archwilir y tyndra a fodolai rhwng gwerthoedd cefn gwlad a'r ddinas wrth i'r prif gymeriad deithio adref i Wisconsin wedi cyfnod anhapus yn Chicago. Wedi byw yn y ddinas, y mae ei ymdrech i ailgyfarwyddo â'r bywyd amaethyddol yn fethiant, ac esbonia'r methiant hwnnw fel hyn:

> 'Life in these coulees goes on rather slower than in Chicago. Then there are a great many Welsh and Germans and Norwegians living way up the coulees, and they're the ones you notice. They're not all so.' He could be generous toward them in general; it was in special cases where he failed to know them.

Clustnodir y Cymry, yr Almaenwyr a'r Norwyaid fel y rhai y sylwid arnynt, er na roddir unrhyw reswm penodol am hynny. Hwyrach mai oherwydd gwahaniaethau ieithyddol y sylwir ar y bobloedd hynny yn arbennig, a chan nad oes modd cynrychioli'r gwahaniaethau ieithyddol hynny mewn stori fer Saesneg anwybyddir y bobl a'u hieithoedd. Mewn astudiaeth ar y modd y ffurfiwyd hunaniaethau ethnig yn yr Unol Daleithiau, dywedodd Kathleen Conzen mai dim ond rhai mewnfudwyr a gâi eu hystyried yn aelodau o 'grwpiau ethnig':

> English immigrants, for example, often exhibited distinctive behaviours, yet generally were not placed within this category. Their foreignness was not

problematic in the same way as that of immigrants of other European origins, hence it was not 'seen'; the English had no ethnicity in American eyes.

Pwysleisir y weithred o 'weld' gwahaniaethau ethnig yn erthygl Conzen, ac atgyfnerthir hyn yn stori fer Hamlin Garland drwy nodi mai'r Cymry, yr Almaenwyr a'r Norwyaid yw'r 'ones you notice'.

Y mae'r pwyslais ar weld, ar y berthynas rhwng y gwyliwr a'r gwrthrych, yn ganolog i strategaeth ddogfennol nofelau realaidd a naturiolaidd y bedwaredd ganrif ar bymtheg. Egyr Rebecca Harding Davis ei nofel drawiadol *Life in the Iron Mills* (1861) drwy syllu ar dirlun diwydiannol:

> A cloudy day: do you know what that is in a town of iron-works? ... I open the window, and, looking out, can scarcely see through the rain the grocer's shop opposite, where a crowd of drunken Irishmen are puffing Lynchburg tobacco in their pipes.

Sylwa'r adroddwr awdurdodol hwn ar deulu'r Wolfiaid, gan eu disgrifio'n bennaf yn ôl priodweddau honedig eu cenedl:

> The old man, like many of the puddlers and feeders of the mills, was Welsh – had spent half of his life in the Cornish tin-mines. You may pick the Welsh emigrants out of the throng passing the windows any day. They are a trifle more filthy; their muscles are not so brawny; they stoop more. When they are drunk, they neither yell, nor shout, nor stagger, but skulk along like beaten hounds. A pure, unmixed blood, I fancy, shows itself in the slight angular bodies and sharply cut facial lines. It is nearly thirty years since the Wolfes lived here. Their lives are like those of their class; incessant labour, sleeping in kennel-like rooms, eating rank pork and molasses, drinking – God and the distillers only know what; with an occasional night in jail to atone for some

drunken excess. Is that all of their lives? – of the portion
given to them and their duplicates swarming the streets
today? – nothing beneath? – all? So many a political
reformer has gone among them with a heart tender with
Christ's charity, and come out outraged, hardened.

Datblygir naratif y dyfyniad hwn o nodi safle cymdeithasol
y cymeriad a'i genedligrwydd drwy sylwi ar ei nodweddion
corfforol a'i arferion cymdeithasol. Ym mhob achos dynodir
priodweddau'r hen ddyn – ei waith, ei fryntni, ei feddwdod –
fel nodweddion neilltuol Gymreig, ac y mae'r nodweddion
hynny yn tanlinellu ei arwahanrwydd oddi wrth y norm
Americanaidd a gynrychiolir gan iaith safonol yr adroddwr.
Ceir cyplysiad cymhleth o briodweddau ethnig a
phriodweddau'r dosbarth gweithiol yn y dyfyniad uchod.
Awgrymir bod Cymreictod yn cael ei fynegi lawn cymaint
yn eu diota a'u bryntni ag y mae yng nghrychau eglur eu
hwynebau main. Cyfranna'r nodweddion hyn oll at y dicter
a deimla'r diwygiwr gwleidyddol wrth droi ei gefn ar y fath
bobl ar ddiwedd y dyfyniad.

Er bod y proses o greu hunaniaeth ethnig wedi profi'n
ddefnyddiol i'r Cymry ym Mhrydain yn ystod Oes Victoria,
tystia'r dyfyniadau uchod i'r ffaith fod y cyd-destun
Americanaidd ei hun wedi dylanwadu ar y proses o greu
Cymreictod. Gellir ystyried anerchiad Gŵyl Ddewi William
Dean Howells a ddyfynnwyd uchod yn ymateb i'r math o
ddelweddau rhagfarnllyd o'r Cymry a adlewyrchwyd yn
nofel Rebecca Harding Davis. Y mae, felly, yn enghraifft
rymus o'r ffordd y ceisiai'r Cymry yn America ddefnyddio
nodweddion 'ethnig' Cymreig fel sail ar gyfer eu delweddu
eu hunain yn ddinasyddion Americanaidd delfrydol.
Atgyfnerthir dadl Howells i'r Cymry chwarae rhan ganolog
yn natblygiad America gan y ffaith i'w anerchiad gael ei
thraddodi a'i chyhoeddi ym mhrif iaith y genedl, sef
Saesneg. Serch hynny, mynegwyd dadleuon tebyg drwy

gyfrwng y Gymraeg hefyd. Y mae'r gerdd genedlaetholgar ganlynol, ''Fewyrth Sam', a gyhoeddwyd ym 1885 yn *Y Drych* gan fardd a chanddo'r enw barddol Glanmarddwr, yn ddathliad dilyffethair o rinweddau America:

> Amerig yw'r wlad wyf yn garu
> Mae'r wybren yn glir ac yn iach;
> Ei dyfroedd grisialaidd estynant
> Drugaredd i'r mawr ac i'r bach.
> Y pleidiau fu gynt yn ymryson,
> Gefnogant lywyddiaeth heb gam:
> Un doeth yn ei ffyrdd a'i gynlluniau
> Bob amser y ce's 'Fewyrth Sam.

> Nid unwaith cyhoeddodd fy Ewyrth
> I'w ddeiliaid y cant gartref rhad;
> Mae digon trwy'r De a thrwy'r Gogledd
> O diroedd rhagorol y wlad;
> Un cant a chwe' deg mae yn rhoddi
> O erwau i'r tad ac i'r fam;
> Mae digon o dir amaethyddol
> Ar gyfer holl blant 'Fewyrth Sam.

> Nid ydyw ein Hewyrth yn gofyn
> Ond un dreth y flwyddyn am hyn;
> Mae'n rhanu ei dir yn gyfartal
> Yn gartref i'r du ac i'r gwyn.
> Dewch fechgyn a merched Amerig,
> Cydsyniwch am gartref dinam;
> Cewch dyddyn o dir yn gynysgaeth
> Ond gofyn yn swyddfa'r hen Sam.

Yn arwyddocaol, nid yw'r dathliad hwn o rinweddau'r Unol Daleithiau yn cynnwys unrhyw gyfeiriad at Gymru. Nid yw hunaniaeth Gymreig y bardd yn cael ei chreu mewn gwrthgyferbyniad â'i hunaniaeth Americanaidd, ond yn hytrach y mae'r naill yn cael ei gynnwys o fewn y llall. Y

mae'r teitl – ''Fewyrth Sam' – hefyd yn sefydlu cysylltiad
rhwng y bardd Cymreig a chynrychiolydd symbolaidd ei
wlad fabwysiedig, cysylltiad a ategir ymhellach yn y defnydd
o'r ansoddair anwesol 'hen' ar ddiwedd y gerdd. Ceir tensiwn
rhwng cynnwys y gerdd a'r iaith a ddefnyddir i fynegi'r
cynnwys hwnnw. Byrdwn y gerdd yn y bôn yw fod yr Unol
Daleithiau yn wlad lle y chwelir y ffiniau sy'n gwahanu pobl
– pleidiau gwleidyddol, y tlawd a'r cyfoethog, y duon a'r
gwynion, y de a'r gogledd. Ond drwy ysgrifennu yn Gymraeg
y mae'r bardd yn anorfod yn creu ffin rhwng ei gerdd a'r
diwylliant Saesneg tra-arglwyddiaethol. Y mae'r ffaith y
mynegwyd y datganiad hwn o hunaniaeth genedlaethol drwy
gyfrwng y Gymraeg yn awgrymu bod Glanmarddwr yn
ystyried yr Unol Daleithiau yn wlad amlieithog. Nid yw'n
synhwyro unrhyw wrth-ddweud rhwng y ffaith ei fod yn
dathlu undod y genedl Americanaidd a'r ffaith ei fod yn
ysgrifennu drwy gyfrwng y Gymraeg.

Tystia tudalennau cyfnodolion y Cymry yn America fod
nifer o'r Cymry, yn Gymraeg a Saesneg eu hiaith, wedi
mabwysiadu hunaniaeth Americanaidd yn y genedl newydd.
Honnodd R. C. Roberts ym mis Mawrth 1896, er enghraifft,
ei fod 'yn falch o fod yn frodor o Sir Feirionydd, ond yr wyf
yn lawer balchach o fod yn ddinesydd o'r Taleithiau
Unedig'. Tueddai haneswyr y bedwaredd ganrif ar bymtheg i
gredu bod diffyg ymlyniad y Cymry wrth eu hiaith yn
deillio o honiadau comisiynwyr Brad y Llyfrau Gleision,
ond cymhlethir y darlun yn yr ysgrifau a luniwyd gan
Gymry a ymgartrefodd yn yr Unol Daleithiau. Un a
gythruddwyd yn fawr gan Frad y Llyfrau Gleision oedd
Samuel Roberts (S.R.), Llanbryn-mair, a gellid disgwyl
hynny o gofio iddo ennill gwobr yn Eisteddfod Y Trallwng
ym 1824 am ysgrif ar 'Ardderchowgrwydd yr Iaith
Gymraeg'. Erbyn 1865, serch hynny, ac yntau wedi ymfudo
am gyfnod i'r Unol Daleithiau, byddai'n honni mewn
erthygl ddadleuol ac arloesol ar 'Gymysgiad Achau' y

27 SR: Samuel Roberts, Llanbryn-mair, yr Annibynnwr radical a
ymfudodd i America ym 1857 ac a ddychwelodd i Gymru ym 1867.

'byddai cael y byd i gyd oll i fod o'r un iaith yn fendith iddo o'r fath werthfawrocaf', ac yr oedd yn ddigon o realydd i nodi nad y Gymraeg fyddai'r iaith honno.

Nid ymateb i gomisiynau brenhinol nac i wawd y wasg Seisnig oedd Roberts, ond yn hytrach i gred genedlaetholgar y cyfnod y dylid 'cadw America ar gyfer yr Americaniaid'. Yn ôl Samuel Roberts cynrychiolai'r alwad hon 'Athrawiaeth hunanoldeb ac anwybodaeth ... Athrawiaeth cul, cibddall ydyw'. Byrdwn ei neges oedd y dylid 'darfod y teimlad Cenedlgarol' oherwydd ei fod wedi arwain pobloedd 'lawer tro i ennyn cynhenau a rhyfeloedd'. Dros chwarter canrif cyn i'r term 'melting pot' gael ei fathu yn deitl i ddrama Israel Zangwill, datblygodd Samuel Roberts ei ddadl â'r geiriau canlynol:

Ni byddai ond ofer i mi ddweyd o hyd 'Cymry fydd', neu 'Cymro for ever;' oblegyd nid dyna ydyw trefn fawr Rhagluniaeth: ac yn wir, nid yw yr hyn sydd ddyngarol a Christnogol ynwyf am i'r Cymry fod yn Gymry dros byth, nac am i'r Iuddewon fod yn Iuddewon dros byth, nac am i'r Ellmyn fod yn Ellmyn dros byth, nac am i'r Gwyddelod fod yn Wyddelod dros byth, nac am i'r Indiaid fod yn Indiaid dros byth, nac am i'r Negroaid fod yn Negroaid dros byth; ond yr wyf am iddynt gael eu toddi gan wres dwyfol gariad i ffurf fawr ogoneddus yr efengyl, fel y byddont 'oll yn un;' ac yr wyf am iddynt gael eu galw, nid ar unrhyw enw cenedlaethol, ond yn hil Adda, neu blant Noah, neu y teulu dynol, neu breswylwyr y ddaear, neu bobl y byd, neu ryw enw cyffredinol i arwyddo eu hunoliaeth, eu bod yn un bobl o'r un dechreuad, o'r un gwreiddyn, o'r un gwaed, o'r un gyfansoddiad, o'r un cyflwr syrthiedig, o'r un gobaith am iachawdwriaeth, o'r un cyfrifoldeb, ac o'r un anfarwoldeb.

Mynegwyd dadleuon cyffelyb ym Mhrydain yn ystod yr un cyfnod. Yr amlycaf yn eu plith oedd darlithiau'r bardd a'r llenor Matthew Arnold ar lenyddiaeth Geltaidd ym 1866. Honnai Arnold y dylai'r Cymry a'r Gwyddelod roi'r gorau i'w gwahaniaethau diwylliannol a defnyddio eu gallu creadigol a'u hanian farddol i gyfoethogi diwylliant Lloegr. Nid at y Celtiaid yn benodol y cyfeiriodd Samuel Roberts ei lith, ond yn hytrach at holl bobloedd yr Unol Daleithiau. Yn baradocsaidd, cyflwynodd Roberts ddadl dros ddiflaniad diwylliannau ethnig America, tra oedd yn cyfrannu at barhad un o'r diwylliannau hynny drwy ysgrifennu yn y Gymraeg. Defnyddiai S.R. iaith Feiblaidd er mwyn apelio at werthoedd creiddiol ei ddarllenwyr oherwydd gwyddai yn dda 'y byddai fy araeth yn annerbyniol gan y nifer amlaf o'm gwrandawyr'. Mewn 'Rhag-Nodiad' i'w bennod pan ymddangosodd yn *Pregethau a Darlithiau* (1865), nododd iddo gadw ei feddyliau ar y pwnc 'yn hollol i mi fy hun' yn y gorffennol oherwydd fod ei weledigaeth o bobloedd yr Unol Daleithiau – gan gynnwys yr 'Indiaid' a'r 'Negroaid' – yn 'toddi' i'w gilydd yn groes i farn cyffredin Americaniaid y cyfnod yn ogystal ag i'r Cymry yn America. Nododd fod y copi o'r araith a anfonodd i'r *Drych* wedi mynd ar goll, ond hwyrach fod lle i amau hynny gan fod dadl ganolog yr erthygl yn gwbl groes i agenda olygyddol 'Newyddiadur Cenedlaethol Cymru America'. Yn wir, gellir cael argraff o rychwant safbwyntiau'r Cymry yn America ynglŷn â'r Gymraeg a'i swyddogaeth drwy gyfosod erthygl Samuel Roberts ar 'Gymysgiad Achau' yn erbyn erthygl olygyddol a ymddangosodd yn *Y Drych* ym mis Awst 1893:

Yn unol a deddf anysgrifenedig ond anhyblyg, ni all dyn fod yn Gymro heb fedru Cymraeg. Gall ei wythiennau fod yn llawn o'r gwaed coch cyfa' puraf yn y byd; oni fedr ei dafod barablu yr hen iaith, nid yw ond ysgymun yn ein plith . . . I olwg allanol, yr iaith sydd yn profi cenedl y Cymro, ac y mae yn rhy ddiweddar ar y dydd i newid y rheol . . . Pan gyll Cymro ei Gymraeg, nid yw Gymro mwyach yng ngolwg cyffredinolrwydd ei gydgenedl. Mae y peth yn reddf yn y natur bellach, ac

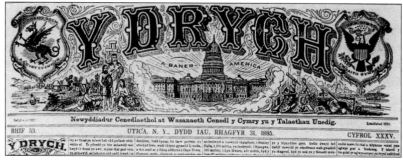

28 Pennawd *Y Drych*, 31 Rhagfyr 1885.

nis gellir ei ddiwreiddio . . . [B]yddant yn sicr o ymgolli
ac ymdoddi yn y genedl Americanaidd pan gollir y
Gymraeg. Unig obaith cadw yn fyw neillduolrwydd
Cymreig yn America yw glynu wrth yr iaith.

Y mae'r dadansoddiad hwn o safle'r Gymraeg yn debyg i'r
hyn a geir yn erthygl Samuel Roberts, ond tra oedd Roberts
yn cymeradwyo'r proses o 'doddi' ymysg pobloedd America,
gan fod hynny'n arwain at fyd heb genedlaetholdeb,
rhybuddio yn erbyn yr 'ymdoddi' a wna'r erthygl olygyddol.
I olygyddion *Y Drych* a nifer mawr o'i gyfranwyr yn ail
hanner y bedwaredd ganrif ar bymtheg, yr oedd yr iaith
Gymraeg yn rhan sylfaenol o'u Cymreictod. Dyma, er
enghraifft, gerdd a ymddangosodd ym mis Rhagfyr 1891 dan
y teitl 'Y Gymraeg':

Chwi Gymry iaith-garol ymunwch yn llu,
I gadw'n hen iaith fendigedig,
Rhag cwympo yn farw i fedd angof du,
Ym mynwent hen ieithoedd methedig.

Hon ydoedd iaith Adda yn Eden, pwy wad?
Iaith gyntaf barablodd ei dafod;
Drwy hon y cyflwynai ein parchus hen dad
Gyfrinion ei fynwes i'w briod.

Hon ydoedd iaith anwyl fy nhaid a fy nain,
Fy nhad a fy mam a'i parablent;
Mewn mawl cysegredig, mor swynol ei sain,
Duw eu cyndadau addolent.

Mae adar bach Cymru yn canu Cymraeg,
Yn sibrwd Cymraeg hefo'u gilydd;
Y ffrydiau grisialog sisialent yr aeg,
A sibrwd Cymraeg wna y coedydd.

Ymbrancio'n Gymraeg wna'r ŵyn ar y bryn,
A'r meirch ar y ddôl a'i gweryrant;
Cymraeg yw brefiadau y fuwch ger y llyn,
A'r cŵn yn Gymraeg a gyfarthant.

Hi ydyw iaith aelwyd pob Cymro gwir, glân,
Ac enwog iaith bêr ein pwlpudau;
Iaith beirdd a cherddorion, iaith awen a chân,
Iaith gweddi a mawl ac amenau.

Os trenga'n hen iaith a newidio ei gwedd,
O cladder hi'n barchus, mae'n haeddu;
Argraffer yn eglur ar garreg ei bedd:
'Fan yma mae hen iaith y Cymry'.

Wrth ochr fy mam iaith, O torwch i'm fedd,
Neu doder ni'n dau mewn un beddrod;
O boed i'm gael marw, a huno mewn hedd,
Tra Cymraeg floesg sibrwd fy nhafod.

Pan gano yr udgorn i ddeffro'r holl saint,
A chodi o honynt o'u beddau,
Yr hen Gymraeg fyddo yn uwchaf ei braint,
Yn benaf iaith nefol orielau.

Yma cyplysir hunaniaeth ethnig yn uniongyrchol â'r iaith. Y mae'r bardd yn cymharu tranc yr iaith â'i farwolaeth ef ei hun – 'Wrth ochr fy mam iaith / O torwch i'm fedd'. Y mae'r gerdd yn wrthgyferbyniad llwyr i ''Fewyrth Sam' oherwydd, er na chyfeiriodd Glanmarddwr at Gymru o gwbl yn ei gerdd ef, nid oes yr un cyfeiriad at yr Unol Daleithiau yng ngherdd Gwyngyll. Yn wahanol i ''Fewyrth Sam', a geisiai godi uwchlaw ffiniau ethnig, rhywedd a hil, geilw 'Y Gymraeg' ar y Cymry sy'n caru eu hiaith i gynnal y ffiniau ac i ddiogelu eu harwahanrwydd ieithyddol. Datblyga'r gerdd o Ardd Eden i olygfeydd gwledig Cymreig lle y sgyrsiai'r anifeiliaid yn yr heniaith, ac yna ymlaen i olygfeydd o aelwydydd Cymreig lle y pwysleisir y glendid, y duwioldeb a'r purdeb a nodweddai'r ddelwedd barchus o Gymreictod ar ddwy ochr yr Iwerydd yn ystod oes Victoria. Er bod y bardd yn dathlu'r 'heniaith' y mae ei gerdd yn arbennig o besimistaidd tua'i therfyn. Awgryma'r ddelwedd o garreg fedd yr iaith wrth ochr bedd y bardd ei hun nad oes unrhyw ddyfodol i'r Gymraeg yn America, ac awgryma'r pennill olaf mai dyfodol nefol yw'r gorau y gall yr iaith obeithio amdano.

Y mae 'Y Gymraeg' yn un o nifer o gerddi a gyfansoddwyd yn y 1890au sy'n ymdrin â thynged yr iaith. Yn wir, ymhlith cerddi'r Cymry yn America ceir corff o waith sy'n parhau i fod yn arswydus o berthnasol i'r Gymru gyfoes ac sy'n codi cwestiynau allweddol ynglŷn â natur Cymreictod. Awgrymodd Gwyngyll y collir hunaniaeth y Cymry unwaith y byddant yn colli eu hiaith. Yn sgil marw'r iaith, bydd y genedl yn peidio. Ond beth yn union a gollwyd pan beidiodd y Cymry yn America â throsglwyddo'r iaith i'w disgynyddion? Paham y dylai Americanwr Saesneg ei iaith a'i rieni yn Gymry Cymraeg deimlo ei fod wedi colli ei 'hunaniaeth'? Heb ryw ffordd o esbonio paham y dylid mesur hunaniaeth yn ôl yr hyn a arferid ei wneud (siarad Cymraeg) yn hytrach na'r hyn a wneir yn y presennol (siarad Saesneg), nid oes modd datgan mai'r hyn a gollwyd gan y genhedlaeth Saesneg ei hiaith yw ei 'hunaniaeth'. Dyma'r cwestiwn y mae Samuel Roberts yn ymgodymu'n ddewr ag

Y DRYCH, DYDD IAU, RHAGFYR 24, 1891.

BARDDONIAETH

Y DDWEDDAR JOHN E. WILLIAMS, PITTSBURG, PA.

SYNIADAU Y BOBL

AMAETHYDDIAETH

SIR WAYNE, NEBRASKA

29 Tudalen allan o'r *Drych*, 24 Rhagfyr 1891.

ef, ond heb argyhoeddi, yn ei ysgrif ar 'Gymysgu Achau', lle
y dadleua o blaid datblygu hunaniaeth fyd-eang. A ninnau'n
byw mewn cyfnod pan fo chwarter y siaradwyr Cymraeg
yng Nghymru yn parhau i beidio â throsglwyddo'r iaith i'w
plant, y mae'r modd y deallwn ac y syniwn am y berthynas
rhwng iaith a hunaniaeth yn rhwym o ddylanwadu ar ffurf a
sylwedd 'Cymreictod' y dyfodol. Yn sicr, collir rhywbeth
gwerthfawr pan na throsglwyddir yr iaith o'r naill
genhedlaeth i'r llall, ond ni chollir hunaniaeth fyth. Yn
hytrach, fe'i trawsnewidir.

Yr oedd trawsnewidiadau pellgyrhaeddol eisoes ar droed
yng Nghymru ac yn yr America Gymreig a oedd yn herio'r
parchusrwydd Cymreig y ceisiai arweinwyr y cymunedau
Cymreig ei bwysleisio ar ddwy ochr yr Iwerydd. Y mae
hanes diwydiannaeth yng Nghymru yn faes eang a
chymhleth. Yr hyn sy'n berthnasol yma yw fod poblogaeth
Cymru wedi cynyddu o 1,163,139 i 2,523,500 rhwng 1851 a
1914, sef cynnydd o 117 y cant. Rhwng 1861 a 1911, yn sgil
twf aruthrol yn y diwydiant glo, cododd poblogaeth sir
Forgannwg 253 y cant. Ym 1851 trigai llai na mil o bobl yng
Nghwm Rhondda, ond erbyn y flwyddyn 1911 yr oedd dros
150,000 wedi ymgartrefu yno a'r boblogaeth yn dal i dyfu.
Llifodd hyd at dri chwarter poblogaeth Cymru i mewn i'r
ardaloedd diwydiannol, a'r ffenomen hon, fel y nododd
Brinley Thomas, sydd i gyfrif am y nifer cymharol fychan o
Gymry a ymfudodd i'r Unol Daleithiau o'i gymharu â
chenhedloedd eraill Prydain. Y mae arwyddocâd ehangach
hefyd yn perthyn i'r hanes hwn oherwydd yn y degawd cyn
y Rhyfel Byd Cyntaf Cymru oedd yr unig wlad y tu hwnt i'r
Unol Daleithiau a brofodd fwy o fewnfudo nag o allfudo. Yn
y degawd hwnnw symudodd oddeutu 130,000 o bobl i
mewn i feysydd glo y de o'r Alban, Lloegr ac Iwerddon, a
hefyd o'r Eidal, Sbaen a thu hwnt. Gan fod 45 o bob 10,000
wedi eu geni y tu allan i'r wlad, yr oedd Cymru yn ail yn
unig i'r Unol Daleithiau fel cyrchfan i fewnfudwyr.

O ddiwedd y bedwaredd ganrif ar bymtheg ymlaen gwelwyd diwylliant newydd yn ymffurfio yn ne Cymru. Yn Ewropeaidd ei ogwydd deallusol ac yn Americanaidd o ran ei ddeunydd darllen a gwrando, yr oedd y byd newydd hwn yn bodoli yn bennaf drwy gyfrwng y Saesneg. Nododd sawl sylwebydd fod Cymru bellach yn ddwy genedl: y gogledd gwledig Cymraeg a'r de diwydiannol Saesneg. Er bod cyfres werthfawr Hywel Teifi Edwards ar ddiwylliant Cymraeg y Cymoedd wedi profi mor gamarweiniol fu'r disgrifiad hwn o genedl gwbl ranedig, y mae'n arwyddocaol fod y cymdeithasegydd Alfred Zimmern wedi awgrymu yn y 1920au:

> The Wales of today is not a unity. There is not one Wales; there are three . . . There is Welsh Wales; there is industrial or, as I sometimes think of it, American Wales; and there is upper class or English Wales. These three represent different types and different traditions. They are moving in different directions and, if they all three survive, they are not likely to re-unite.

Tra oedd diwylliant dosbarth gweithiol Cymraeg ei iaith yn parhau o fewn y diwylliant Saesneg goruchaf, yn gynyddol ystyrid de Cymru, yn ôl yr awdur Gwyn Thomas, fel 'the parts of America that never managed to get the boat'. Nodweddid cymunedau diwydiannol de Cymru gan amrywiaeth ieithyddol a diwylliannol, ac yr oedd math gwahanol o Gymreictod yn cael ei greu yno – Cymreictod a oedd wedi ei seilio ar wleidyddiaeth radical, anufudd-dod sifil a diwylliant poblogaidd bywiog. Yr oedd profiad gweithwyr Cymru yn ystod blynyddoedd olaf y bedwaredd ganrif ar bymtheg yn drawiadol o debyg i brofiadau eu cefndryd yn ardaloedd diwydiannol yr Unol Daleithiau.

Nododd Bill Jones mewn cyfraniad blaenorol ar y Cymry yn America yn y gyfres hon: 'Os daeth ymfudwyr Cymraeg â'u hiaith, eu crefydd a'u heisteddfodau gyda hwy, yna fe ddaethant ag agweddau o'r gymdeithas ddiwydiannol a oedd yn llawn mor gyffredin yng Nghymru gyfoes ac a roddai, yn yr un modd, ystyr a hunaniaeth i'w bywyd.' Mor gynnar â mis Gorffennaf 1870 yr oedd cyfrannwr o'r enw 'Hugh o'r Ddol' yn dechrau poeni yn nhudalennau'r *Drych* ynglŷn â'r newidiadau a welsai ymhlith trigolion yr ardal Gymraeg yn Scranton, Pennsylvania:

> Ond beth am foesau Hyde Park? Ar lawer cyfrif y mae yn ail i Sodom, ac yn gyffelyb i Gomorah. Mae y saloons Cymraeg yma cyn amled a llyffaint yr Aipht. Ar Main street ceir rhywfath o Gymro, ar lun dyn, bob yn ail dŷ braidd, yn cadw bar room. Os ydych am weled grogshops, whisky holes, gin mills, rum cellars, &c., Cymreig, ewch i Lackwanna avenue, Scranton, ac i Main st. Hyde Park. Cewch weled meibion a merched, gwŷr a gwragedd, blith draphlith, a'u haner yn haner meddw, yn ffwlio, yn potio, ac yn canu Cymraeg, hyd onid ydynt yn ddiareb hyd yn nod i'r Gwyddelod haner-gwareiddiedig.

30 'Welsh Day at Rocky Glen, Scranton': Cymreigrwydd parchus Scranton ym 1921.

Nid oedd unrhyw amheuaeth yn ei feddwl ynglŷn â phwy oedd ar fai am hyn:

Pwy sy'n euog am hyn? Cymru a Chymraesau Tredegar, Rhymni, Dowlais, Merthyr, Aberdar etc., y rhai nad ydynt newydd ddyfod oddi yno, neu o fewn y ddwy flynedd ddiwethaf. Mae *scum* gweithfeydd Cymru wedi eu shipio i Hyde Park yn y blynyddoedd diwethaf.

Ymddengys fod yr hyn a oedd yn ymffurfio yn yr 'America Gymreig' yng Nghymru yn dylanwadu hefyd ar 'Gymreictod' y Cymry yn America.

Yn ogystal â chynnal diwylliant poblogaidd bywiog, yr oedd y mewnfudwyr o Gymru hefyd yn cario ymwybyddiaeth tra datblygedig o rym gwleidyddol y dosbarth gweithiol. Gallai ymwybyddiaeth o ddosbarth cymdeithasol gynnig sail ar gyfer diffiniad tra gwahanol o Gymreictod i'r ddelwedd gonfensiynol o barchusrwydd, duwioldeb a gwyleidd-dra. Ceir galwad rymus dros undebaeth yn 'P'le Mae'r Union, Chwarelwyr', cerdd gan Ifor Wyn a ymddangosodd yn *Y Drych* ym mis Gorffennaf 1875:

P'le mae'r Union, bobol anwyl
Ym mh'le gebyst mae y drwg?
P'le mae dewrder meib y creigiau,
A raid i ni ofni gwg?
Byddin arfog gref gormesiaeth,
Byddin golud, trais a ffawd,
A'u magnelau poethion saethant
Drwy galonau gweithwyr tlawd!

P'le mae'r Union a sefydlwyd
I gymeryd plaid y gwan?
Oes mae'i eisiau, medd calonau
Gorthrymedig yn mhob man;

Oes mae'i eisiau, medd cyflogau
Isel delir am ein gwaith;
Cyflog isel, rhenti uchel;
Oes mae'i eisiau – dyna ffaith.

Oes mae'i eisiau, meddai llyfrau
Duon shopwyr Talaeth York;
Anhawdd dal i weithio'n galed
Tra yn bwyta sych a phorc;
Mêr yr esgyrn lifa allan
O dan wres yr haul drwy'r cnawd;
Pwy a ddylai gael danteithion
Cryfion, ond y gweithiwr tlawd?

Oes mae'i eisiau, dewch chwarelwyr
Dewr Americ o un fryd,
Pa'm y rhaid i ni fod isaf
O bob dosbarth yn y byd?
P'le mae'r annibyniaeth hwnw
Gawsom gan ein Hewyth' Sam.
Fudodd hwnw o'n calonau
'Nôl i Gymru, rhag cael cam?

Sôn am lwfdra pobl Bethesda,
'N cario cynffon Lord y Plas,
Blinodd rhei'ny ar ffieidd-dra
Yr hen oruchwyliaeth gas;
Ond chwarelwyr gwlad Jonathan,
Gwlad y rhyddid mwyaf gaed!
Ŷnt yn ofni cysgod boses
Bychain – llyfant wadnau'i traed.

Oes mae eisiau Union, bobol,
Ceir ef hefyd cyn b'o hir;
P'le cawn gadben gwrol, medrus,
Fel cawn fuddugoliaeth glir!
P'le mae'r dynion honant wrthym
Mai y nhw sy'n caru'n lles?
Dewch, dangoswch eich honiadau
Yn weithredoedd – dewch yn nes.

Holl chwarelwyr y Gorllewin,
O Virginia boeth i Maine,
Ymfyddinwn o dan faner
Wen yr Undeb, a chawn wên
Duw y nefoedd – nes gorchfygu
Byddin gormes – er ein ffawd –
Llid y nefoedd sy'n enynu
'N fflam ar elyn dyn tylawd.

Seilir hunaniaeth y bardd yn y gerdd hon ar ei ymwybyddiaeth o ddosbarth cymdeithasol. Fel yn achos ''Fewyrth Sam', cenedligrwydd Americanaidd a bwysleisir a chymherir gweithwyr America yn anffafriol â gweithwyr Bethesda. Cyferbynnir y ddelfryd Americanaidd o gydraddoldeb â'r gorthrwm beunyddiol a wyncba'r gweithwyr, a gofynnir a ydyw delfrydau cyfansoddiad America wedi dianc o galonnau gweithwyr y wlad yn ôl i'w gwledydd brodorol. Geilw'r pennill olaf ar holl chwarelwyr America i uno yn eu brwydr yn erbyn 'gormesiaeth'. Yn nhyb Ifor Wyn, nid brwydr ar gyfer gweithwyr Cymreig yn America yn unig mo hon, ond brwydr a oedd yn berthnasol i holl weithwyr yr Unol Daleithiau. Yn hytrach na chreu delwedd o Gymreictod wedi ei seilio ar iaith neu grefydd, y mae'r gerdd hon yn pleidio hunaniaeth ddosbarth-gweithiol gyffredin.

Y mae'n arwyddocaol fod yr iaith Gymraeg yn cael ei hystyried yn gyfrwng addas ar gyfer y fath neges. Yn ystod yr ugain mlynedd diwethaf defnyddiodd to o haneswyr Cymru y profiad Americanaidd yn sail i'w dadl fod tranc yr iaith Gymraeg yn ne Cymru yn anochel ac yn ganlyniad i ddewisiadau democrataidd mewn cymdeithas a oedd, chwedl Dai Smith, yn ymryddhau o hualau 'custom, traditions, religion, language and deference'. Er nad oes unrhyw amheuaeth nad oedd nifer mawr o Gymry ar ddwy ochr yr Iwerydd yn awyddus i gefnu ar eu hiaith 'henffasiwn' a'i chyfnewid am iaith moderniaeth a

chynnydd, dylid nodi i'r dewis 'democrataidd' hwn
ddigwydd, ym mhob achos, yng nghyd-destun bywyd
cyhoeddus a masnachol a oedd yn atgyfnerthu
goruchafiaeth gynyddol yr iaith Saesneg. Awgryma 'Ple
Mae'r Union Chwarelwyr' fod y Gymraeg yn gyfrwng addas
ar gyfer mynegi dyheadau democrataidd ac ar gyfer creu
math o Gymreictod a oedd yn gwbl wahanol i'r darlun
traddodiadol a hybid gan arweinwyr dosbarth-canol y
Cymry yn America ar fwyafrif tudalennau'r cyfnodolion
Cymraeg a Saesneg.

Dengys tystiolaeth yr ysgrif hon mai ffenomen luosog ac
amrywiol oedd yr hunaniaeth Gymreig a feithrinwyd yn
America yn negawdau olaf y bedwaredd ganrif ar bymtheg.
O ystyried y tair cerdd a drafodwyd yn unig, gwelir bod pob
un ohonynt yn cynnig seiliau tra gwahanol ar gyfer
hunaniaeth yr unigolyn a'i gymdeithas. Dathlu ei aelodaeth
gyflawn fel un o ddinasyddion America a wna
Glanmarddwr; ystyried yr iaith yn greiddiol i'w Gymreictod
a wna Gwyngyll; gweld ei hun yn rhan o frwydr y dosbarth
gweithiol a wna Ifor Wyn. Wrth ddadansoddi llenyddiaeth y
Cymry yn America yn y bedwaredd ganrif ar bymtheg
deuwn ar draws ansefydlogrwydd a chyfnewidioldeb
hunaniaethau ethnig gan i'r ddelfryd Victorianaidd o
Gymreictod parchus gyd-fodoli, yn anesmwyth ar brydiau, â
chysyniadau eraill o hunaniaeth a grëwyd mewn ymateb i
rymoedd diwydiannaeth a mewnfudiad. Gan fod yr Unol
Daleithiau bellach yn brif rym economaidd a diwylliannol y
byd, hwyrach fod profiadau'r Cymry yn America yn
berthnasol i'n hymdrech gyfoes i ddiffinio Cymreictod
mewn cyfnod pan ydym oll, i ryw raddau, yn Gymry
Ewyrth Sam.

DARLLEN PELLACH

Kathleen Neils Conzen, 'The Invention of Ethnicity: A Perspective from the U.S.A.', *Journal of American Ethnic History*, Hydref, 1992.
Eirug Davies, *Y Cymry ac Aur Colorado* (Llanrwst, 2001).
Hywel Teifi Edwards, *Codi'r Hen Wlad yn ei Hôl 1850–1914* (Llandysul, 1989).
Aled Jones a Bill Jones, *Welsh Reflections: Y Drych and America 1851–2001* (Llandysul, 2001).
Bill Jones, ' "Y Gymuned Wir Gymreig Fwyaf yn y Byd": Y Cymry yn Scranton, Pennsylvania, c. 1850–1920' yn Geraint H. Jenkins (gol.), *Cof Cenedl VIII: Ysgrifau ar Hanes Cymru* (Llandysul, 1993).
Marcus Klein, *Foreigners: The Making of American Literature* (Chicago, 1981).
Samuel Roberts, *Pregethau a Darlithiau* (Utica, 1865).
Marc Shell, 'Babel in America: The Politics of Linguistic Diversity in the United States', *Critical Inquiry*, 20, rhif 1 (1993).
Werner Sollors (gol.), *Multilingual America: Transnationalism, Ethnicity and the Languages of American Literature* (Efrog Newydd, 1998).
Gwyn A. Williams, *The Welsh in their History* (Llundain, 1982).

CROESI FFINIAU DIWYLLIANNOL? PABYDDION GWYDDELIG, MEWNFUDO, A'R IAITH GYMRAEG YN YR UGEINFED GANRIF

Trystan Owain Hughes

Mae'r Tad Brennan yn Wyddel ond, fel llawer o'i frodyr yn yr offeiriadaeth, mae wedi dysgu Cymraeg yn fwy trwyadl na miloedd o Gymry.

Y Faner, 1948

Ym 1931 honnodd y gweinidog Wesleaidd, y Parchedig Lewis Edwards, 'na ellir gwadu'r ffaith fod y Pabyddion yn wrthwynebus i bopeth y mae pobl Cymru yn ei garu yn eu bywyd cenedlaethol'. Natur estron a mewnfudol yr Eglwys Babyddol yng Nghymru a ysbrydolodd y fath feirniadaeth. At ei gilydd yr oedd yn gynulleidfa o Wyddelod Saesneg eu hiaith na ddangosai fawr o awydd i ddod yn rhan o'r bywyd Cymraeg traddodiadol. Yr oedd hyd yn oed y ffyddloniaid yn ymwybodol o'r sefyllfa anodd hon. 'Yn wir, mae'n ddigon tebyg', meddai R. O. F. Wynne ym 1948, 'fod mwy o bellter rhwng y Pabyddion a'r bywyd Cymraeg nag unrhyw ran arall o'r gymdeithas.' Ac mor ddiweddar â'r 1960au honnodd Saunders Lewis fod '90% o'r offeiriaid Pabyddol yng Nghymru a 98% o'r Pabyddion lleyg heb unrhyw ddiddordeb yng Nghymru ac ni wyddant unrhyw beth am ei hanes, ac mae'n gas ganddynt ei hiaith'. Nid yw'n syndod, felly, fod y farn Brotestannaidd Gymraeg yn honni bod pob tystiolaeth allanol yn awgrymu nad oedd gan yr Eglwys Babyddol fawr o ddiddordeb, os o gwbl, mewn pethau Cymraeg. Ystyrid Saunders Lewis, ynghyd â'i gyfeillion o Gymry a drodd at yr Eglwys Babyddol, yn eithriadau rhyfedd mewn Eglwys a oedd yn amlwg wrth-Gymreig. Cafwyd tystiolaeth bellach mor ddiweddar â Deddf yr Eglwys 1982 a ddangosodd fod Pabyddion, yng ngeiriau R. M. Jones, 'yn dangos diddordeb cymharol fychan mewn tystiolaethu i'r siaradwyr Cymraeg'. Ac eto, y tu ôl i'r diffyg diddordeb ymddangosiadol hwn, yr oedd mudiad sylweddol yn bodoli a geisiai newid agwedd y mwyafrif. O fewn y grŵp hwn, ni ddylid diystyru pwysigrwydd y lleiafrif Gwyddelig cryf. Sefyllfa'r Gwyddelod hynny a groesodd ffiniau diwylliannol, yn ogystal â ffiniau daearyddol, yw testun yr ysgrif hon. Crynhodd y Tad Gregory Fitzgerald agwedd Gwyddelod y genhedlaeth gyntaf neu'r ail genhedlaeth pan ddywedodd, er mai 'dyn dŵad' oedd ef yn wreiddiol, ei fod wedi dysgu

Cymraeg ac 'os oedd yna'r fath beth yn bod â dinasyddiaeth Gymreig yna dylwn i fod wedi gwneud cais amdani flynyddoedd yn ôl'.

Cydnabuwyd ers amser maith fod twf eithriadol yr Eglwys Babyddol yng Nghymru yn y bedwaredd ganrif ar bymtheg yn gynnyrch mewnfudo o Iwerddon. Rhwng 1840 a 1900 croesodd miloedd o bobl Fôr Iwerddon er mwyn dianc rhag y newyn cwbl ddinistriol a chwilio am waith yn y trefi diwydiannol a oedd yn blodeuo yng Nghymru. Ond parhaodd nifer y Pabyddion i dyfu yng Nghymru a hynny mewn modd pur drawiadol hyd y 1960au a thu hwnt. Ym 1926 nodwyd mewn papur newydd yn Detroit, Michigan, fod 'Archesgobaeth Caerdydd yn datblygu i fod yn un o gadarnleoedd pwysicaf Pabyddiaeth ym Mhrydain', ac erbyn 1960 honnodd y *Western Mail* fod yr 'eglwysi Pabyddol yn orlawn a'r gynulleidfa'n gorlifo i'r eiliau a does dim digon o gadeiriau i bawb'. Y mae ystadegau yn ategu adroddiadau cyfoes o'r fath. Yn y blynyddoedd rhwng y ddau ryfel byd, cyfnod pan oedd nifer y Cymry yn gostwng, cynyddodd aelodaeth yr Eglwys Babyddol o 67,560 i 105,580, sef cynnydd o 64 y cant. Cafwyd cynnydd cyffelyb ar ôl yr Ail Ryfel Byd, ac erbyn 1971 yr oedd cyfanswm yr aelodaeth wedi cyrraedd 142,881. Mewn cyfnod pan oedd enwadau eraill yn cyflym golli aelodau yn sgil seciwlareiddio cynyddol, yr oedd yr Eglwys Babyddol ar ei phrifiant.

Y mae'r rhesymau dros lwyddiant yr Eglwys Babyddol yng Nghymru yn ystod yr ugeinfed ganrif yn rhai cymhleth. Yr oedd trefn fugeiliol yr Eglwys yn dwyn ffrwyth i raddau helaeth iawn yn ystod y cyfnod hwn, a châi ei rheolau a'i dysgeidiaeth lem, a lynai'n agos iawn wrth gyfarwyddyd y Pab, effaith gadarnhaol ar ei datblygiad. Condemniai dysgeidiaeth y Pab briodasau cymysg a chanlyniad hynny yn aml oedd fod partner nad oedd yn Babydd yn penderfynu arddel y ffydd Babyddol er mwyn priodi. Y tröedigaethau a ddigwyddai ar drothwy priodas yn hytrach na thröedigaethau annibynnol a oedd i raddau helaeth yn gyfrifol am y ffaith i 600 o bobl gofleidio Pabyddiaeth bob blwyddyn rhwng y 1920au a'r 1960au. Yr oedd y pwyslais hwn ar briodasau rhwng dau Babydd hefyd yn gymorth i atal pobl rhag pellhau oddi wrth yr Eglwys. Bu ymateb esgobion Cymru i'r colledion o blith y ffyddloniaid hefyd yn gymorth i ledaeniad yr Eglwys. Trefnwyd cenadaethau parhaus at Babyddion ar wasgar mewn ardaloedd gwledig a cheisiwyd hybu ymdeimlad cryf o gymdeithas Babyddol yn y trefi. At hynny, yr oedd darparu addysg Babyddol i blant yn flaenoriaeth gref. Yr oedd y ffaith fod esgobion Cymru yn condemnio atal cenhedlu yn barhaus hefyd o gymorth mawr, o leiaf yn y blynyddoedd rhwng y ddau ryfel byd, o ran lluosogi niferoedd y Pabyddion. Eu safbwynt cryf yn erbyn atal cenhedlu a oedd yn bennaf cyfrifol am y gyfradd uchel o enedigaethau ymhlith teuluoedd Pabyddol.

Er hynny, y mewnfudo parhaus a oedd yn gyfrifol yn y pen draw am y cynnydd yn nifer y Pabyddion yng Nghymru yn yr ugeinfed ganrif. Yr oedd natur y mewnlifiad, fodd bynnag, yn wahanol iawn i'r hyn a ddigwyddodd yn y ganrif flaenorol. Nid o Iwerddon yn unig y deuai'r mewnfudwyr Pabyddol bellach. Yn ystod y Rhyfel Byd Cyntaf cafwyd mewnlifiad o ffoaduriaid Pabyddol o Wlad Belg i Gymru, ynghyd â nifer cymharol uchel o Eidalwyr hefyd yn ystod y blynyddoedd hyn, i siroedd Morgannwg a Mynwy yn bennaf. Erbyn 1921 yr oedd dros 1,500 o bobl o dras Eidalaidd yn byw yng Nghymru. Gweithiai mwyafrif y mewnfudwyr hyn yn y diwydiant arlwyo, ac agorwyd oddeutu 400 o gaffis a thai bwyta Eidalaidd yng Nghymru yn ystod y blynyddoedd rhwng y ddau ryfel byd. Ymgartrefodd llawer iawn o Eidalwyr yn ogystal ag Almaenwyr a Phwyliaid yng Nghymru yn ystod yr Ail Ryfel Byd ac ar ôl hynny oherwydd eu bod yn ffoaduriaid, yn garcharorion rhyfel neu yn chwilio am waith. Arhosodd llawer o'r mewnfudwyr a ddaeth o'r Cyfandir yng Nghymru ar ôl y rhyfel, gan ymgartrefu mewn trefi megis Conwy, Y Drenewydd, Lawrenny, a'r Wyddgrug, ac yn aml iawn byddai eu perthnasau'n ymuno â hwy hefyd. Daeth mewnfudwyr Pabyddol hefyd i Gymru o Hwngari a Sbaen (gan ymsefydlu yn Aberystwyth), ac o Iwgoslafia (gan ymsefydlu yn Hirwaun, Aberhonddu).

Cafwyd mewnfudo sylweddol iawn hefyd, wrth gwrs, o Loegr yn ystod y cyfnod hwn. Bu adfywiad diwydiannol yng Nghymru ar ôl yr Ail Ryfel Byd a denai'r diwydiant ymwelwyr yng ngogledd Cymru lawer o weithwyr o Loegr. Yr oedd mewnfudwyr hŷn ac ymddeoledig hefyd yn symud i mewn o Loegr. Erbyn 1966 yr oedd un o bob pump o boblogaeth Cymru heb fod o dras Gymreig. Er bod mewnlifiad y Saeson i'r wlad wedi creu problemau i'r iaith Gymraeg, o ran yr Eglwys Babyddol bu hyn yn gymorth iddi dyfu a datblygu. Wedi'r cwbl, yr oedd amryw o'r rhai a symudodd i Gymru yn Wyddelod o'r ail a'r drydedd genhedlaeth, a deuent yma o ddinasoedd megis Lerpwl a Manceinion lle'r oedd poblogaeth gref o Babyddion oherwydd y mewnlifiad parhaus o Iwerddon.

Adlewyrchir yn nhwf Pabyddiaeth yn nhrefi glan môr gogledd Cymru, megis Llandudno, Bae Colwyn a'r Rhyl, sgil effeithiau'r mewnlifiad Seisnig o safbwynt yr Eglwys Babyddol. Bu twf sylweddol, a'r un oedd y duedd mewn trefi eraill ledled Cymru. Er enghraifft, ym mhlwyf Aberystwyth ym 1955 yr oedd mwy o lawer o Babyddion yn enedigol o Loegr ac o'r Alban (31 y cant) nag o Gymru (22 y cant) nac Iwerddon (15 y cant). Cyfrannwyd hefyd at dwf yr Eglwys gan blant, gweision sifil, academyddion a bancwyr a fudodd o Loegr i rannau o Gymru yn ystod yr Ail Ryfel Byd. Er i lawer o'r mudwyr hyn ddychwelyd i'w cartrefi ar ddiwedd y rhyfel, arhosodd eraill ohonynt yng Nghymru – naill ai o ddewis neu oherwydd eu hanhawster i gael tai yn y dinasoedd a oedd wedi dioddef dinistr mawr. Meddai un hanesydd am Y Rhyl: 'Alltudiwyd Pabyddion yn eu

cannoedd o Fanceinion, Lerpwl a threfi mawr diwydiannol y
Canolbarth a daethant i ymgartrefu yma.' Yn aml gwelid
bod y Pabyddion a fudodd i'r ardaloedd mwy gwledig ac a
arhosodd yno yn ffurfio cnewyllyn a fyddai'n datblygu i fod
yn blwyfi yn y dyfodol, gan ddenu nifer cynyddol o
Babyddion. Felly, fel y dywed Denis Gwynn, 'cynhyrchodd y
chwalfa ddi-drefn a dros dro o'r dinasoedd i'r ardaloedd
gwledig ganlyniadau parhaol'.

Er na ddylid dibrisio effeithiau'r mewnfudo o Loegr, y
mae'n amlwg fod twf yr Eglwys Babyddol yng Nghymru yn
yr ugeinfed ganrif wedi bod yn ddyledus iawn i'r mewnfudo
o Iwerddon ac, mewn gwrthgyferbyniad llwyr â'r ganrif
flaenorol, fod y mewnlifiad hwn wedi cael effaith ar bob
rhan o Gymru. Yn ystod y bedwaredd ganrif ar bymtheg cael
eu denu gan ddiwydiannau llwyddiannus arfordir de-
ddwyrain Cymru yn bennaf a wnâi'r gweithwyr Gwyddelig.
Ym 1861 y cafwyd penllanw'r mewnfudo hwn: erbyn hynny
yr oedd 5 y cant o boblogaeth siroedd Morgannwg a Mynwy
a thua 2 y cant o boblogaeth sir Frycheiniog yn enedigol o
Iwerddon. Ymgartrefodd cynifer o fewnfudwyr o Iwerddon
yn ardal Greenhill yn Abertawe o'r 1840au ymlaen nes
galw'r lle yn 'Iwerddon Fechan'. Cafodd y mewnlifiad
effaith hefyd ar ardaloedd diwydiannol gogledd-ddwyrain
Cymru. Er enghraifft, y grŵp o weithwyr Gwyddelig a
ymgartrefodd yn Yr Wyddgrug yn ystod y bedwaredd ganrif
ar bymtheg oedd cnewyllyn gwreiddiol y gymuned Babyddol
sydd yno heddiw. Yn yr un modd, pan agorwyd gwaith
cemegol yn Y Fflint ym 1852, Gwyddelod oedd amryw o'r
gweithwyr yno. Eto i gyd, yr Eglwys Babyddol yn ne-
ddwyrain Cymru (a ddaeth yn Archesgobaeth Caerdydd ym
1916) a elwodd fwyaf o'r mewnfudo yn y bedwaredd ganrif
ar bymtheg.

Rhwng y 1920au a'r 1960au cafwyd unwaith eto gryn
fewnlifiad o Iwerddon i Gymru. Erbyn hynny, fodd bynnag,
digwyddai'r mewnfudo ar raddfa ehangach yn ddaearyddol.

Parhâi gweithwyr Gwyddelig i fewnfudo i archesgobaeth Caerdydd ond, at hynny, denwyd llafurwyr hefyd i weddill Cymru (esgobaeth Mynyw). Yn y blynyddoedd rhwng y ddau ryfel byd, yn sgil dirywiad y diwydiannau trymion yn ne Cymru, cyfrannodd sefyllfa gymharol lewyrchus diwydiannau gogledd-ddwyrain Cymru (haearn, dur, reion ac adeiladu) a datblygiad twristiaeth ar hyd arfordir y gogledd ac yn sir Benfro i'r mewnlifiad ar draws Môr Iwerddon. Ar ôl yr Ail Ryfel Byd yr oedd y mewnfudo o Iwerddon hyd yn oed yn fwy sylweddol a di-ball. Denid y Gwyddelod gan gyflogau uwch a gwell amodau gwaith ac, yn ôl Denis Gwynn, bu'r 'mewnlifiad newydd hwn o Iwerddon' yn gyfrifol am ddwyn i Babyddiaeth Cymru 'atgyfnerthiad y gellir ei gymharu bron â'r llif cyntaf o fewnfudwyr a ddaeth yma ar ôl blynyddoedd y newyn'. Denwyd nifer mawr o weithwyr Gwyddelig gan yr adfywiad economaidd a arweiniodd at sefydlu prosiectau anferth ar hyd arfordir de Cymru ddiwydiannol wedi'r rhyfel. Cynhwysai'r prosiectau diwydiannol hyn orsafoedd olew Aberdaugleddau a Llandarsi, tunplat yn Nhrostre, a dur ym Margam a Llanwern. Er enghraifft, erbyn 1951 yr oedd cynifer â 2.5 y cant o boblogaeth sir Benfro yn enedigol o Iwerddon.

Gellir canfod y dylanwad a gafodd y don newydd o fewnfudwyr ar esgobaeth Mynyw drwy ystyried y modd y datblygodd plwyf Blaenau Ffestiniog. Daeth cynifer o weithwyr Gwyddelig i'r ardal hon i weithio ar y cynllun trydan dŵr a sefydlwyd ym 1945 nes bod yr eglwys Babyddol yn orlawn bob Sul. Pan adeiladwyd yr atomfa gerllaw yn Nhrawsfynydd, penodwyd caplan Pabyddol amser-llawn i wasanaethu'r Gwyddelod yno. Hefyd, heidiai mewnfudwyr o Iwerddon i ddiwydiannau gogledd-ddwyrain Cymru, megis y pwll glo newydd yn y Parlwr Du a'r gwaith tunplat yn Shotton, yn ogystal ag i'r diwydiant ymwelwyr yn y trefi glan môr. Yn wir, ceir gwrthgyferbyniad llwyr rhwng y cynnydd yn niferoedd y rhai a anwyd yn Iwerddon ac a ymgartrefodd yn siroedd gogledd Cymru a'r gostyngiad yn nifer y Gwyddelod hynny yn siroedd mwy poblog y de. Cafwyd gostyngiad sylweddol yn nifer y bobl a anwyd yn Iwerddon ac a oedd yn byw yn siroedd Morgannwg a Mynwy o 5 y cant ym 1901 i 2.5 y cant ym 1951. Ym mhob un o siroedd y gogledd, fodd bynnag, cynyddu a wnaeth canran y boblogaeth a anwyd yn Iwerddon. Yn siroedd Môn a Chaernarfon cofnodwyd y ffigurau uchaf erioed, sef 2.5 y cant ac un y cant, ac yn siroedd Dinbych a'r Fflint cododd y cyfartaledd o 0.2 y cant ar droad y ganrif i tua un y cant ar ôl y rhyfel.

Ym 1960 amcangyfrifodd y Parchedig Ivor V. Cassam, gweinidog gyda'r Annibynwyr, fod cynifer â 4,000 o Wyddelod wedi cael gwaith yng Nghymru bob blwyddyn er 1945. Yn ei dyb ef, yr oedd rhwng 45,000 a 60,000 o Wyddelod (ac eithrio gwragedd a phlant) wedi ymfudo i Gymru yr adeg honno. Y mewnfudo sylweddol hwn o lafurwyr cymharol ifanc yn chwilio am waith sydd i gyfrif yn bennaf am y ffaith fod y Pabyddion yn gyffredinol yn iau o lawer na'u cymdogion nad oeddynt yn Babyddion. Ym mhlwyf Aberystwyth dim ond 5 y cant o Babyddion a oedd dros drigain oed o'i gymharu ag 20 y cant yn sir Aberteifi. Golygai hyn y câi'r Eglwys adfywiad cyson o sêl ac egni, heb sôn am gynnydd yn y gyfradd genedigaethau a oedd eisoes yn uwch o lawer ymhlith Pabyddion.

Nid Pabyddion lleyg oedd yr unig rai i deithio dros Fôr Iwerddon i Gymru. Denwyd nifer sylweddol o offeiriaid hefyd yn yr ugeinfed ganrif (yr oedd tua 45 y cant o offeiriaid Archesgobaeth Caerdydd a 30 y cant o'r offeiriaid yn esgobaeth Mynyw yn Wyddelod) a cheid hefyd yng Nghymru offeiriaid a oedd yn blant i fewnfudwyr o Iwerddon neu a oedd ar fenthyg o Iwerddon. Ym *Mlwyddlyfr Esgobaeth Caerdydd 1961* cyfaddefodd yr Archesgob Michael McGrath ei fod yn gofidio ynghylch 'prinder cynyddol y llafurwyr yn y winllan', ond gwyddai y

31   Allor ysblennydd Eglwys Gatholig y Santes Fair, Canton, Caerdydd.

byddai'r sefyllfa yn llawer gwaeth oni chawsid cydweithrediad esgobion Iwerddon.

Ar y cychwyn yr oedd canran helaeth o'r mewnfudwyr lleyg a chlerigol o Iwerddon yn ddilornus eu hagwedd at ddiwylliant Cymru. Yn ystod y bedwaredd ganrif ar bymtheg ceid ymwybyddiaeth Wyddelig gref ymhlith y mewnfudwyr a'u disgynyddion. Parhaodd hyn hyd ddau-ddegau'r ugeinfed ganrif, yn enwedig yn nhrefi mawr de Cymru, lle'r oedd Pabyddion yn dal i fyw mewn cymunedau a ymdebygai i geto a lle nad oedd fawr o gysylltiad rhyngddynt a'r byd allanol na llawer o ddiddordeb ynddo ychwaith. Dengys y *St Peter's Parish Magazine* yng Nghaerdydd a'r *Newport Catholic Magazine* yn y dau a'r tridegau fod mewnfudwyr a'u teuluoedd yn llwyddo i ddal gafael ar yr hyn a oedd yn nodweddiadol Wyddelig yn eu cylchoedd trwy ddilyn gwahanol arferion cyhoeddus. Ffynnai'r Cymdeithasau Gwyddelig, agorwyd canghennau gan y Great Irish Bank, a dathlwyd Dydd Gŵyl Padrig â chryn sêl. Ychwanegwyd at y brwdfrydedd hwn pan ffurfiwyd Gwladwriaeth Rydd Iwerddon. Ym 1920 lluniwyd baner Gwladwriaeth Iwerddon mewn lleiandy Pabyddol yn Greenhill, Abertawe, a'i chwifio'n amlwg mewn gorymdeithiau drwy ganol Abertawe. Cythruddwyd y wasg leol gan hyn a chondemniwyd y defnydd cyhoeddus o'r 'faner estron' hon. Ddwy flynedd yn ddiweddarach yr oedd hyd yn oed y *St Peter's Parish Magazine* yn annog defnydd o'r iaith Wyddeleg, sef 'ein mamiaith', yn ei blwyf yng Nghaerdydd ac yn galw ar bobl i gofleidio'r diwylliant Gwyddelig modern er mwyn 'dal gafael ar ein hunaniaeth'.

Hyd ddauddegau'r ugeinfed ganrif yr oedd yn amlwg fod y Cymry nad oeddynt yn Babyddion yn ystyried Pabyddiaeth yn 'grefydd Wyddelig'. Ym 1933 ceisiodd Saunders Lewis adfer y sefyllfa mewn araith gerbron Cymdeithas Gwŷr Ifainc Pabyddol yng Nghaerdydd. Yn yr araith hon, a gafodd gryn gyhoeddusrwydd, anogodd Saunders Lewis y cymunedau Gwyddelig yng Nghaerdydd i ddod yn rhan o'r bywyd Cymraeg. Erbyn hynny, fodd bynnag, yr oedd y sefyllfa eisoes wedi dechrau newid a'r diwylliant Gwyddelig go iawn yn diflannu'n gyflym. Ond nid diwylliant Cymraeg a gymerodd ei le. Yn hytrach, mynd yn Eingl-Wyddelig, yn

Saesneg ei hiaith a'i hagweddau, a wnâi Pabyddiaeth yng
Nghymru, er ei bod yn parhau i ymhoffi'n ffugdeimladol a
sentimental ym mhob dim Gwyddelig. Disgrifiodd yr Esgob
Edwin Regan y gogwydd at Iwerddon a barhâi yn ystod ei
blentyndod fel 'is-ddiwylliant Gwyddelig'. Yr oedd yr ail, y
drydedd, a hyd yn oed y bedwaredd genhedlaeth o
Babyddion yn credu'n wirioneddol mai Gwyddelod oeddynt.
Honnodd yr Esgob Daniel Mullins mor ddiweddar â 1983
fod 'y mewnfudo wedi digwydd sawl cenhedlaeth yn ôl ond
er hynny bod yr ymwybyddiaeth o'u gwreiddiau Gwyddelig
wedi parhau'n ffactor cryf yn hunanymwybyddiaeth y
Pabyddion'. Mewn gwirionedd, nid oedd fawr ddim o'r hen
ymwybyddiaeth Wyddelig yn bodoli bellach yn y
cymunedau hynny. Eto i gyd, daliai'r ffyddloniaid i'w
ddiffinio'u hunain yn ôl yr unig faen prawf Gwyddelig a
oedd ar ôl, sef dathliadau Dydd Gŵyl Padrig. Yn wir, yr
oedd y dathliadau hynny, lle y rhoddid lle amlwg i'r
feillionen a'r gwasanaethau Gwyddeleg, yn tra-rhagori ar y
digwyddiadau di-liw a drefnid i gofio nawddsant Cymru. Yn
y chwedegau, ar adeg pan ddethlid yr Offeren yn yr
Wyddeleg ar Ddydd Gŵyl Padrig â balchder, beirniadwyd yr
Offeren Gymraeg yn hallt gan lawer o Babyddion fel 'gimic
gwirion'. Ond cysylltiad digon arwynebol a llac mewn
gwirionedd oedd y cysylltiad hwn ag Iwerddon yn hytrach
na 'hiraeth go iawn am ould Oireland', chwedl y *Catholic
Herald* ym 1948. Yng ngeiriau J. P. Brown, 'Gwyddelod
Dydd Gŵyl Padrig' yn llythrennol oedd y Pabyddion hyn. Yr
oedd y traddodiad y glynent mor ystyfnig wrtho yn cyflym
ddiflannu ac ni allai hyd yn oed y llif cyson o fewnfudwyr ei
adfywio.

Nid oedd gan fwyafrif y mewnfudwyr Gwyddelig na'u
disgynyddion fawr i'w ddweud wrth yr iaith Gymraeg a'i
diwylliant. Ym mhlwyf Aberystwyth ym 1955 credai 68 y
cant o'r Pabyddion mai Saesneg oedd eu mamiaith. Yr oedd
y nifer a siaradai Gymraeg, sef 2 y cant, yn llawer is na'r

32 Cyfarfod o'r Cylch Catholig Cymreig yn Ninbych, 1941. Rhes flaen: Y Canon David Crowley, Y Tad John Brennan, Cathrin Daniel, Mrs Wynne (mam R. O. F. Wynne), Edna Hampson-Jones, Y Deon Pat Crowley, Y Tad Maher. Rhes gefn: Y Tad Fenton, Tom Shannon, Y Tad John Ryan, Y Canon Barrett Davies, R. O. F. Wynne, Y Tad Pat Shannon, Thomas Charles Edwards, Y Tad James Reardon, Saunders Lewis.

nifer a siaradai Eidaleg, sef 19 y cant, a hyd yn oed yn is na'r
nifer a oedd yn siarad Pwyleg, sef 9 y cant. At ei gilydd
trinnid y Cylch Catholig, cylch a ymdrechai i hybu
amlygrwydd y Gymraeg o fewn yr Eglwys, gan Babyddion
eraill fel rhwystr i wir genhadaeth yr Eglwys. Yr oedd
offeiriaid Gwyddelig yn arbennig o elyniaethus neu ddi-hid,
a thybient mai eu hunig ddyletswydd oedd gweinidogaethu
eu praidd Eingl-Wyddelig. Dywedodd Frances Maredudd ym
1965 fod offeiriaid a lleianod Gwyddelig yn 'credu ar gam eu
bod yn dod i rywle yn Lloegr, i ofalu am anghenion eu
cydwladwyr, [ac] fe'u cawsant eu hunain mewn gwlad
estron. [Roeddynt] yn gwybod dim am iaith, llên na hanes
Cymru'. Ond nid dyna'r darlun cyfan. Llwyddodd amryw o
Babyddion Gwyddelig, o'r genhedlaeth gyntaf a'r ail, i groesi
ffiniau diwylliannol a dod yn gefnogwyr brwd i'r diwylliant
Cymraeg. Pabyddion lleyg oedd rhai o'r rhain, megis James
O'Brien a gafodd ei dderbyn yn aelod o Orsedd y Beirdd yn y
1930au. Eto i gyd, offeiriaid oedd y mwyafrif o'r Gwyddelod
hyn a bu eu dylanwad yn llawer mwy pellgyrhaeddol na'u
niferoedd.

   Bu'r duedd leiafrifol hon yn gyffredin ers blynyddoedd
cynnar yr ugeinfed ganrif. Cafodd yr Iesuwr, y Tad Patrick
Kane, er enghraifft, ei eni yn Limerick. Symudodd i Gymru
a bu'n offeiriad plwyf yn Llandrindod. Daeth yn adnabyddus
i Babyddion ac i eraill fel 'Padrig Sant Cymru'. Dysgodd
Gymraeg yn rhugl ac enillodd fri eisteddfodol fel bardd.
Serch hynny, Gwyddel ifanc a oedd yn offeiriad seciwlar o
Kilkenny a gafodd yr amlygrwydd pennaf am ei ymdrechion
dros yr iaith. Pregethai'r Tad Michael McGrath yn y
Gymraeg mor gynnar â 1920. Yn fuan iawn daeth yn
adnabyddus ledled y Gymru Gymraeg fel ysgolhaig a
chenedlaetholwr a fedrai'r Gymraeg. O ganlyniad i'w gynnig
ef ailagorodd Carmeliaid Gwyddelig Stryd Whitefriar yn
Nulyn Goleg y Santes Fair, y coleg Pabyddol Cymraeg yn
Aberystwyth, ym 1936. Arweiniodd hyn at lif newydd o

Garmeliaid a oedd yn selog o blaid defnyddio'r iaith Gymraeg a meithrin y diwylliant Cymraeg.

Wedi'r rhyfel cafwyd cynnydd sylweddol yn nifer yr offeiriaid Gwyddelig a ddilynodd esiampl yr arloeswyr cynnar hyn. Yn eu plith yr oedd Daniel Mullins, cyn-esgob Mynyw. Hanai'r Tad Mullins o swydd Limerick, a pherffeithiodd ei Gymraeg pan ddaeth yn giwrad i Faesteg. Yn ddiweddarach cafodd radd dosbarth cyntaf yn y Gymraeg ym Mhrifysgol Cymru, Caerdydd. Yn yr un modd, yr oedd y Tad John Ryan, athro yng Ngholeg y Santes Fair yn Llandrillo-yn-Rhos, yn ysgolhaig Cymraeg o fri. Dywedir ei fod yn siarad Cymraeg rhugl ag acen lydan Wyddelig a'i fod yn awyddus i hyrwyddo'r Gymraeg yn y coleg. Erbyn 1967, gyda chymorth ariannol R. O. F. Wynne, ysgwïer Garthewin, yr oedd hyd yn oed wedi sefydlu 'labordy iaith' yn ei ysgol. Ymhlith yr offeiriaid eraill y daeth eu henwau (a oedd yn amlwg Wyddelig) yn gyfystyr â Chymreictod a'r iaith Gymraeg yr oedd y Tad Patrick Fenton, y Tad James Donnelly, y Tad Patrick Gibbons, y Tad James Cunnane, y Tad Pat McNamara, ac amryw o offeiriaid Tŷ'r Gwaredianwyr ym Machynlleth (ymhlith y rhai yno a oedd yn rhugl eu Cymraeg yr oedd y Tad Riordan, y Tad Maddock, y Tad Furey, a'r Tad Oliver Conroy).

Ochr yn ochr â'r offeiriaid Gwyddelig hyn a oedd yn fewnfudwyr, ceid hefyd amryw o glerigwyr o dras Wyddelig yr ail genhedlaeth a gofleidiodd y Gymraeg. Y rhai amlycaf yn eu plith oedd y Tad James O'Reilly yn Y Bermo, y Tad MacGuire yng Nghyffordd Llandudno, a'r ddau frawd a oedd yn Garmeliaid, sef John a Gregory Fitzgerald. Yr oedd amryw o offeiriaid Gwyddelig eraill, er nad oeddynt yn rhugl yn y Gymraeg, yn gefnogol i'r iaith ac i'r ymdrechion i feithrin defnydd o'r iaith o fewn yr Eglwys. Symudasai rhieni y Tad Patrick Shannon o Iwerddon i Loegr, ond gan barhau'n genedlatholwyr Gwyddelig brwd. Cyn ei farwolaeth annhymig ym 1956 yr oedd Shannon wedi sianelu ei dueddiadau cenedlaetholgar ei hun at Gymru. Y mae'n ddiddorol sylwi bod ei frawd, Tom Shannon, hefyd wedi dysgu Cymraeg a bu'n athro Cymraeg yn ysgol y Carmeliaid yn Llandeilo am gyfnod. Dangosodd y Tad Dermot Walsh (Gwyddel a Chenhadwr y Dwyfol Air yng Ngharrog) gymaint o gefnogaeth i'r iaith Gymraeg nes ennyn parch clerigwyr amlwg nad oeddynt yn Babyddion. Yr oedd ganddo grŵp trafod tra llwyddiannus ar gyfer clerigwyr yn ystod y chwedegau, ac fe'i mynychid yn rheolaidd gan Abel Ffowc Williams a'r Parchedig Harri Parri. Yn eu hawydd i feithrin sêl dros bopeth Cymraeg aeth rhai a oedd yn perthyn i'r genhedlaeth gyntaf a'r ail genhedlaeth o offeiriaid Gwyddelig mor bell â mabwysiadu arferion a oedd i bob golwg yn rhai Ymneilltuol yn ogystal â chefnogi emynwyr. Er enghraifft, yr oedd McGrath yn pleidio Sabathyddiaeth 'Anghydffurfiol' a John Ryan yn ymddiddori'n fawr yn Ann Griffiths. Yn sicr, llwyddodd ymdrechion o'r fath i ennyn parch Protestaniaid Cymraeg. Yn sgil y Seisnigo a fygythiai'r bywyd Cymraeg traddodiadol, yr oedd hyd yn oed *Y Faner*, a ddangosai agwedd elyniaethus fel arfer, yn canmol ymdrechion y Pabyddion hyn. Ym 1948 adroddwyd yn y papur hwn fod y Tad J. Brennan o Gaerdydd wedi siarad yn Gymraeg mewn cyfarfod o'r Cylch Catholig: 'Mae'r Tad Brennan yn Wyddel ond, fel llawer o'i frodyr yn yr offeiriadaeth, mae wedi dysgu Cymraeg yn fwy trwyadl na miloedd o Gymry.'

Arweiniodd y datblygiad mewn ymwybyddiaeth Gymraeg ymhlith Pabyddion o dras Wyddelig at ddigwyddiad diddorol ym 1971, pan ddaeth galw am olynydd i'r Esgob Petit ym Mynyw. Awgrymwyd enwau gan y Cylch Catholig a oedd yn deyrnged haeddiannol i'r Gwyddelod hynny a fabwysiadodd y diwylliant Cymraeg. Cynigiodd R. O. F. Wynne y Tad Dermot O'Leary, sef Iesuwr o Ddulyn a fedrai'r Gymraeg, ond ychydig iawn o gefnogaeth a roddwyd i'r cynnig hwn. Ond bu cynnig arall, sef y Tad James Owen

O'Reilly, yn llawer mwy poblogaidd. Er ei fod yn enedigol o Loegr, yr oedd ei gefndir Gwyddelig yn gwbl amlwg. Pan symudodd i Gymru llwyddodd i ddysgu'r Gymraeg yn rhugl ymhen fawr o dro ac yr oedd pawb o'r Pabyddion Cymraeg yn hoff ohono. Aeth dirprwyaeth o aelodau'r Cylch, yn cynnwys R. O. F. Wynne, T. Charles Edwards, a John Daniel, i ymweld â'r Cennad Apostolaidd yn Llundain i argymell enw O'Reilly ar gyfer swydd wag yr esgobaeth Gymreig, ond eu siomi'n enbyd a wnaed oherwydd, yn eironig ddigon, y Sais Langton T. Fox a benodwyd yn esgob Mynyw.

Y mae cyfraniad sylweddol, os lleiafrifol, yr offeiriaid Gwyddelig i'r ymdrechion i feithrin y diwylliant Cymraeg yn gwbl amlwg. Ond anos o lawer yw canfod rhesymau dros yr ymrwymiad hwn. Yn gyntaf, y mae'n bwysig nodi dylanwad pellgyrhaeddol yr Archesgob Michael McGrath. Yn *Y Bywgraffiadur Cymreig* telir teyrnged i bwysigrwydd sylweddol McGrath i'r Eglwys ac i Gymru gyfan gan yr unig

33 Gorymdaith Corpus Christi, Caerdydd: merched yn mynd heibio i siop James Howell ym 1911.

34 Gwasanaeth y Fendith, Cooper's Field, Gerddi'r Castell, Caerdydd,
ym 1911.

Wyddel i'w olynu fel esgob Mynyw, sef Daniel Mullins:
'Cyfraniad mwyaf yr Archesgob McGrath i fywyd y
gymuned Gatholig yng Nghymru ac i fywyd y genedl',
meddai, 'oedd ei ddirnadaeth glir o bwysigrwydd iaith a
diwylliant hanesyddol Cymru.' Yn ei swydd fel esgob
Mynyw ac archesgob Caerdydd bu McGrath yn annog
offeiriaid i ddysgu Cymraeg ac yn gweithredu polisïau a
fyddai'n sicrhau y ceid yno gnewyllyn o offeiriaid Cymraeg
eu hiaith. Ychwanegid at ei statws ymhlith siaradwyr
Cymraeg o fewn yr Eglwys a thu allan iddi gan y ffaith ei
fod yn ysgolhaig Cymraeg ac yn gyfaill agos i unigolion
amlwg ym myd llên a chenedlaetholdeb Cymru, megis
Saunders Lewis, T. Gwynn Jones a Timothy Lewis. Eto i
gyd, erbyn diwedd ei oes nid oes unrhyw amheuaeth nad
oedd ei frwdfrydedd wedi pylu. Cyfaddefai ef ei hun fod ei
archesgobaeth wedi Seisnigeiddio ac na châi fawr o gyfle i
siarad Cymraeg. Yn ystod y pumdegau, er iddo gymryd
safiad cryf o blaid Sabathyddiaeth 'Gymraeg', yr oedd yn llai

brwdfrydig ei ymdrechion i gefnogi neu hybu cynlluniau newydd y Cylch Catholig. Ac eto, hyd yn oed wedi hyn parhaodd i fod yn ddylanwad pwysig ac yn esiampl gampus i'r holl offeiriaid Gwyddelig hynny a'i dilynodd trwy arddel y bywyd Cymraeg yn ei gyfanrwydd.

Rheswm arall posibl dros y diddordeb a ddangoswyd yn y diwylliant Cymraeg gan yr offeiriaid hyn oedd fod eu diwylliant Gwyddelig wedi meithrin ynddynt gydymdeimlad at yr iaith Gymraeg. Y mae hanes diweddar yr iaith a'r diwylliant Gwyddelig yn gymhleth. Bu'r gostyngiad enbyd yn nifer siaradwyr yr Wyddeleg yn Iwerddon yn gyfrifol am guddio'r diwygiad a ddigwyddodd yn yr ymwybyddiaeth Wyddelig yn yr ugeinfed ganrif. Yn sicr, yr oedd hi'n bur anodd ar 'Y Cynghrair Gwyddelig', a oedd yn rhan o'r mudiad adfywio, ar ôl sefydlu Gwladwriaeth Rydd Iwerddon, a chafodd yr ymdrechion i hybu'r Wyddeleg yn yr ysgolion gwladol anawsterau lu yn ystod y blynyddoedd rhwng y ddau ryfel byd. Hefyd, cafwyd dirywiad cynyddol a dramatig yn y defnydd o'r iaith Wyddeleg fel iaith lafar feunyddiol. Eto i gyd, gwelwyd cynnydd yn yr ugeinfed ganrif o safbwynt parch at yr iaith, twf yr Wyddeleg fel pwnc ysgol a hunaniaeth ddiwylliannol Iwerddon.

Os cymhleth fu hanes yr iaith a'r diwylliant Gwyddelig, mwy amwys fyth fu'r berthynas rhwng yr Eglwys Babyddol a'r diwylliant hwnnw. Yn ystod y bedwaredd ganrif ar bymtheg yr oedd hierarchaeth yr Eglwys yn gryf iawn yn erbyn gorfodi defnydd o'r Wyddeleg, a chyhuddid ei hoffeiriaid o fod yn ddifater ynghylch yr iaith. Hyd yn oed yn gymharol ddiweddar ceryddid offeiriaid am ddefnyddio'r Saesneg yn eu pregethau ac yn eu dosbarthiadau addysg grefyddol yn yr ysgolion gwladol. Ar y llaw arall, cydnabyddir bod y gefnogaeth a roes yr Eglwys i'r Wyddeleg fel pwnc ysgol (ers blynyddoedd cynnar yr ugeinfed ganrif), ynghyd â sêl aelodau unigol (megis yr ysgolhaig a'r Iesuwr, y Tad T. J. Corcoran), yn ogystal â dylanwad y cylchgrawn

gwrth-Eingl-Wyddelig, sef y *Catholic Bulletin*, i gyd wedi
cyfrannu'n bendant a phwysig i'r adfywiad.

Dyna, felly, oedd y cefndir diwylliannol yr hanai'r
offeiriaid Gwyddelig ohono. Yr oedd iaith eu mamwlad (a
fuasai'n iaith lewyrchus ar un adeg) yn dirywio'n gyflym, ac
yr oedd eu Heglwys hwy yn rhannol gyfrifol am hynny. Eto i
gyd, yr oeddynt yn cyfoesi â mudiad seciwlar a chrefyddol
cryf a oedd o blaid adfywio'r iaith Wyddeleg a'i diwylliant.
At ei gilydd, y mae'n amlwg mai'r offeiriaid Gwyddelig a
oedd yn rhan o'r adfywiad hwn a ddangosai hefyd
gydymdeimlad mawr â sefyllfa'r Gymraeg. Michael
McGrath a Patrick Fenton yw'r enghreifftiau mwyaf
nodedig. Yn ystod ei gyfnod fel Athro'r Wyddeleg yng
Ngholeg Maynooth cyfieithodd Fenton y Beibl cyfan bron i'r
Wyddeleg. *An Bíobla Naofa*, a gyhoeddwyd ym 1981, oedd y
Beibl Pabyddol cyntaf yn yr iaith Wyddeleg. Yr oedd amryw
o offeiriaid eraill a oedd yn cefnogi'r Cylch, neu'n weithgar
ynddo, hefyd yn rhugl yn yr Wyddeleg neu o leiaf yn meddu
ar wybodaeth sylfaenol ohoni. Yn sgil sêl y rhain dros
bopeth Gwyddeleg, yr oeddynt hefyd yn naturiol yn
ymwybodol o'r cwlwm brawdol rhyngddynt a Chymru.
Mewn erthygl a gyhoeddwyd yn *The Furrow* ym 1956,
ceisiodd J. M. Cleary, Pabydd Cymraeg o dras Wyddelig,
ddangos i'r Gwyddelod a ddaethai yn fewnfudwyr i Gymru
fod cysylltiadau diwylliannol wedi 'bodoli ers tro' rhwng
Cymru ac Iwerddon. Mynnai nad oedd Pabydd o dras
Wyddelig yn 'berson amddifad' yng Nghymru. Yn hytrach,
perthynai'r ddwy wlad i frawdoliaeth y gellid ei disgrifio, a
benthyg term o faes archaeoleg, yn 'Dalaith-Ddiwylliant
Môr Iwerddon'.

O gofio'r ffactorau hyn, gellir cynnig dau ddehongliad
sy'n egluro arwyddocâd y diwylliant Gwyddelig i'r offeiriaid
dan sylw, ac y mae'r naill ddehongliad mor ddilys â'r llall ac
yn cyd-fynd â'i gilydd. Yn gyntaf, cydnabuent y
gwahaniaeth rhwng cyflwr y ddwy iaith. Er bod y Gymraeg

yn dirywio, yr oedd yn dal i fod yn iaith fyw. Mewn gwirionedd, yr oedd y Gymraeg mewn sefyllfa gryfach o lawer na'r iaith Wyddeleg. Yn sicr, nid oedd gan yr offeiriaid Gwyddelig yng Nghymru unrhyw awydd i ail-wneud y camgymeriadau a wnaed gan eu Heglwys cyn hynny, ac y mae'n bosibl fod rhai ohonynt wedi achub y cyfle yng Nghymru i wneud iawn am y modd yr oedd yr Eglwys wedi trin yr iaith Wyddeleg yn y gorffennol. Yn sicr yr oedd ganddynt barch mawr at sefyllfa gymharol gref y Cymry o ran eu hiaith, yn ogystal â pheth eiddigedd o bosibl. Mynegwyd yr agwedd hon ym mhapur wythnosol Saesneg y Pabyddion, sef *The Tablet*, ac mor gynnar â 1912 yn nhudalennau'r papur newydd Gwyddeleg *Sinn Féin*. Ceir hanesyn yn y papur hwnnw am ymwelwyr o Iwerddon yn ymweld â phentref yng Nghymru. Gofynnodd y bobl leol iddynt siarad yr iaith Wyddeleg. Atebodd y Gwyddelod nad oeddynt yn medru siarad eu mamiaith a newidiodd yr awyrgylch llawen yn llwyr pan ddywedodd un o'r Cymry: 'Heb iaith, heb wlad.' Aeth y papur *Sinn Féin* ymlaen i rybuddio'n llym yn erbyn y canlyniadau enbyd i'r Eglwys a'r genedl petai'r Eglwys Babyddol yn anwybyddu'r iaith Gymraeg.

Yn ail, cydnabu offeiriaid Gwyddelig yng Nghymru y *tebygrwydd* rhwng tynged y Gymraeg a'r Wyddeleg. Yr oedd y traddodiad Cymraeg, fel yr Wyddeleg, dan fygythiad yn sgil Seisnigo helaeth. Brwydrai'r ddwy genedl Geltaidd yn erbyn yr un diwylliant estron a orfodwyd arnynt. Yr oedd hyd yn oed Plaid Genedlaethol Cymru yn cydnabod y berthynas hon. Trwy gydol y tridegau bu gan y Blaid golofn yn ei phapur misol *Y Ddraig Goch*, dan y teitl 'Gair o Ddulyn', a oedd yn ymdrin â materion gwleidyddol a diwylliannol Iwerddon.

Byddai'r Gwyddelod hynny a werthfawrogai ddiwylliant yn sicr yn arddel y berthynas hon a fodolai rhyngddynt a'r Cymry a byddent felly'n awyddus i gefnogi'r diwylliant

Cymraeg. Am y rheswm hwn nid oedd angen i'r gwaith o
hyrwyddo'r diwylliant Cymraeg symud hyd yn oed dros Fôr
Iwerddon. Brawdoliaeth o ysgolheigion, clerigwyr, a lleygwyr
Gwyddeleg eu hiaith oedd y Gymdeithas Wyddeleg Babyddol
An Reált. Gellir honni bod *An Reált* yn cyfateb i raddau
helaeth i'r Cylch Catholig, ac yr oedd diddordeb arbennig
gan y grŵp hwnnw yn y Cylch. Yr oedd y berthynas agos a
grëwyd rhwng y Cylch ac *An Reált* yn seiliedig nid yn unig
ar amcanion a nodau cyffelyb, ond hefyd ar sefyllfa
argyfyngus y ddwy iaith. Yr oedd amryw o aelodau'r *An
Reált* yn rhugl eu Cymraeg, tra oedd eraill yn dysgu
Cymraeg yn Nulyn mewn ysgol nos a chanddi ddau gant o
aelodau. Yn ystod y pumdegau ymwelai cynrychiolwyr â
Chymru bob blwyddyn, gan fynd naill ai i ystad R. O. F.
Wynne yng Ngarthewin neu i'r plwyf 'Pabyddol Cymraeg'
yng Ngellilydan. Darlledid hanes yr ymweliadau
llwyddiannus hyn ar yr orsaf radio Wyddeleg, Radio Eireann.
Un a fu'n amlwg iawn yn ymweliadau'r *An Reált* â Chymru
oedd y Tad Dermot O'Leary (Diarmund O'Laoghaire),
ysgolhaig o Ddulyn a oedd yn rhugl ym mhob un o'r chwe
iaith Geltaidd. Hyd y saithdegau ymwelai O'Leary â Chymru
yn aml er mwyn arwain gwasanaethau Cymraeg. Yn
ddiddorol iawn, dengys hanes Janice Williams, lleygwr a
droes at Babyddiaeth, fod y symud o ran tueddiadau
cenedlaetholgar ar draws Môr Iwerddon yn digwydd ddwy
ffordd. Yn ystod y 1960au yr oedd hi'n aelod selog o'r Cylch
Catholig a dysgodd Gymraeg. Yna symudodd i Ddulyn lle y
dysgodd siarad Gwyddeleg a dod, yn ôl y sôn, yn
genedlaetholwraig filwriaethus.

   Rheswm arall posibl dros y sêl a ddangosai'r lleiafrif
Gwyddelig o blaid y diwylliant Cymraeg oedd y pwyslais
cryf a roddai Pabyddion yr ugeinfed ganrif ar efengylu. Fel
rheol, yr hyn a'u symbylai i ddysgu Cymraeg oedd eu
hargyhoeddiad fod y dasg o ennill Cymru gyfan i
Babyddiaeth ar fin cael ei gwireddu. Yr oedd yr iaith yn

35 Pump a deugain o fechgyn! Dosbarth y Babanod, Ysgol Gatholig St Joseph's, Greenhill, Abertawe, ym 1931.

hanfodol i'r diben hwnnw er mwyn cyfleu daliadau'r ffydd mewn iaith gyfarwydd a chartrefol, yn ogystal â dangos nad oedd Pabyddiaeth yn grefydd estron a fyddai'n arwain at Seisnigeiddio. Ystyrid Cymru gan Eglwys Iwerddon, a oedd y pryd hwnnw â'i holl fryd ar genhadu, yn faes cenhadol cyfleus. Dyna paham y symudodd y Carmeliaid Gwyddelig i Aberystwyth ym 1936 ac yr ymwelai *An Reált* â Gellilydan yn y pumdegau. Ym 1949 cafwyd erthygl yn y papur Americanaidd Cymraeg *Y Drych* sy'n cyfleu i'r dim ymrwymiad yr offeiriaid Gwyddelig i ddefnyddio'r iaith fel arf cenhadol. Adroddwyd bod 'offeiriad Gwyddelig' yn Efrog Newydd wrthi'n ddygn yn ceisio dysgu Cymraeg 'fel y gallai fynd yn genhadwr i Gymru i ennill Bedyddwyr, Annibynwyr, Methodistiaid a Phresbyteriaid yn ôl i'r "Hen Eglwys"'. Cymysg fu ymateb y Cymry i'r ymgyrch hon. Ar y naill llaw, ni allent gynhesu i'r ymgais i gofleidio'r Gymraeg er mwyn cenhadu. Er enghraifft, sonnir bod un Cymro wedi dweud wrth offeiriad a fedrai'r Gymraeg na fyddai ei bobl yn cael eu '"dal ym magl" Pabyddiaeth gan lud adar yr iaith'. Ar y llaw arall, yr oeddynt yn cydnabod bod *unrhyw* ymgais o'r tu allan i ddysgu'r iaith i'w chymeradwyo. Ym 1949, ym mhapur newydd yr Annibynwyr, *Y Tyst*, a ddangosai fel arfer agwedd elyniaethus at Babyddiaeth, canmolid ymdrechion yr offeiriaid Gwyddelig cenhadol, gan nodi y dylai eu hymroddiad 'godi cywilydd ar y Cymry llugoer'. Erbyn ail hanner yr ugeinfed ganrif, fodd bynnag, nid cenhadu oedd yr unig reswm dros ddysgu Cymraeg. Âi cenhadu yn aml law yn llaw â dysgu'r iaith oherwydd y gwerth diwylliannol unigryw a oedd yn perthyn i hynny, neu oherwydd rhesymau ymarferol. Câi'r Pabyddion hynny a wnaeth ymdrech i ddysgu Cymraeg er mwyn cenhadu eu siomi gan amlaf, a byddai rhai ohonynt hyd yn oed yn suro yn erbyn y diwylliant Cymraeg wrth iddynt sylweddoli mai ofer oedd y frwydr i droi'r Cymry at Babyddiaeth.

Erys un rheswm arall sydd o bosibl yn gymorth i egluro paham yr oedd gan y Pabyddion Gwyddelig ddiddordeb yn y diwylliant Cymraeg. Deillia hwnnw o'r wltramontaniaeth a nodweddai'r Eglwys yn y cyfnod hwnnw. Yn ystod canol yr ugeinfed ganrif yr oedd y parch a ddangosai offeiriaid Pabyddol at y Pab a'i ddysgeidiaeth ar ei anterth. Yr oedd dysgeidiaeth y Pab, a oedd yn ymwneud â Chymru a hunaniaeth genedlaethol yn gyffredinol, yn ffafriol i hyrwyddo'r diwylliant Cymraeg. 'Y mae'r Eglwys', meddai Frances Maredudd yn y *Menevia Record* ym 1965, 'yn cydymdeimlo â gwladgarwch cenedlaethol pob un o'r meysydd cenhadol.' Yn ei Lythyr Apostolaidd, *Cambria Celtica* (a ystyriai Gymru yn Dalaith ar wahân i Loegr), ym 1916 traethodd y Pab Benedict XV am gefndir diwylliannol Cymru, gan roi pwyslais ar yr hyn a oedd yn unigryw amdani, sef 'ei hiaith, ei thraddodiadau, a'i harferion hynafol'. Bu'r llythyr hwn yn gymhelliad i gofleidio'r diwylliant Cymraeg. Fe'i dyfynnid yn aml gan Babyddion Cymru i'r diben hwn. 'Yr ymwahanu yn yr ystyr a ragdybiwyd gan Benedict XV', honnodd Harri Pritchard-Jones yn *The Tablet* ym 1969, 'mae cenedlaetholdeb Cymru yn anelu ato.' Yn yr un modd, cafwyd cylchlythyrau gan y naill Bab ar ôl y llall yn annog offeiriaid i werthfawrogi nodweddion arbennig y cenhedloedd yr oeddynt yn byw yn eu plith, gan bwysleisio pwysigrwydd arfer yr iaith a'r diwylliant brodorol yn y gwledydd hynny nad oeddynt yn wledydd Pabyddol (er enghraifft, Benedict XV *Maximum Illud* (1919); Pius XI *Rerum Ecclesiae* (1926); Pius XII *Summi Pontificatus* (1939) ac *Evangelii Praecones* (1951); Ioan XXIII *Princeps Pastorum* (1959)). Er bod llawer o'r cylchlythyrau hyn yn cyfeirio at sefydlu'r Eglwys yn y meysydd cenhadol yn Affrica ac Asia, yr oedd y syniadau y tu ôl iddynt yr un mor berthnasol i'r sefyllfa yng Nghymru. Câi'r offeiriaid Gwyddelig a ddangosai ddiddordeb yn y maes cenhadol a oedd agosaf atynt yn sicr eu hysbrydoli a'u hysgogi gan ddysgeidiaeth y Pabau.

Yn allanol, felly, cefnogid defnyddio'r iaith frodorol yn y meysydd cenhadol gan ddysgeidiaeth yr Eglwys. Ac eto, yn sgil ei natur awdurdodol, yr oedd yn amlwg nad oedd yr Eglwys ei hun yn gwbl ffafriol i'r cyfryw bolisi. Tueddai'r urddau crefyddol i symud aelodau o gwmpas yn aml ac yn fympwyol. Golygai hyn nid yn unig na phenodid llawer o offeiriaid a oedd yn Gymry i swyddi yn eu mamwlad, ond hefyd fod offeiriaid a oedd wedi mudo i Gymru ac ymdrechu i feistroli'r Gymraeg yn aml yn cael eu symud i rywle arall. Dim ond lleiafrif bychan, megis y Tad John Ryan a'r brodyr Fitzgerald, a frwydrodd yn llwyddiannus i aros yng Nghymru. Gellid llunio rhestr hirfaith o offeiriaid a fedrai'r Gymraeg neu a oedd yn gefnogol i'r diwylliant Cymraeg ac a gafodd eu symud o Gymru: yn eu plith yr oedd y Tad Riordan, y Tad Dermot Walsh, y Tad John Murphy, y Tad J. Brennan, y Tad Malachy Lynch, y Tad Magee a'r Tad Gabriel Reidy. Yr oedd y Tad Reidy yn byw yn Lerpwl pan ddechreuodd gefnogi'r Cylch Catholig a dysgu'r Gymraeg, ond yn hytrach na'i symud ar draws y ffin fe'i trosglwyddwyd yn fuan gan ei urdd i Surrey. Gwelid tuedd gyffelyb hyd yn oed ymhlith yr urddau ar gyfer merched. Er enghraifft, graddiodd y Chwaer Concilio â dosbarth cyntaf yn y Gymraeg ym Mhrifysgol Cymru Bangor a phan aeth ymlaen i gwblhau gradd MA enillodd Wobr Syr John Morris-Jones am ei chyfraniad i ysgolheictod Cymraeg. Ond ar ôl cyfnod byr yn athrawes yn Llandudno fel aelod o Urdd Loreto, fe'i symudwyd i Fanceinion.

Crynhodd y Tad Charles Dorrian, a anfonwyd o Fachynlleth i Sunderland, y gofid a deimlai cynifer o'r offeiriaid hyn drwy sôn am ei dristwch o gael '(fy) nghymryd ymaith oddi wrth fy Nghymraeg'. Weithiau, byddai'n rhaid symud ymhellach i ffwrdd na hynny hyd yn oed. Ym 1947 dywedodd y Tad Patrick Crowley wrth R. O. F. Wynne fod 'y Tad [O']Dwyer O. Carm., ar ôl iddo dreulio blynyddoedd yn dysgu Cymraeg, a phregethu unwaith yn y Gymraeg, wedi

36 Ysgol Gatholig St Joseph a'r Eglwys, Greenhill, Abertawe ym 1968.

cael ei anfon i Efrog Newydd!! Welsoch chi erioed y fath
beth?' Er bod y duedd hon yn llai amlwg ymhlith offeiriaid
seciwlar dengys hanes y Tad William O'Connor fod yr un
dynged yn bosibl hyd yn oed yn archesgobaeth Caerdydd ei
hun. Hanai O'Connor o swydd Kerry a llwyddodd i ddysgu'r
Gymraeg yn rhugl yn sir Forgannwg, lle y bu'n gweithio
mewn sawl plwyf. Ond ym 1954 fe'i trosglwyddwyd i
Henffordd, plwyf a oedd yn rhan o'r archesgobaeth ond a
oedd y tu draw i Glawdd Offa. Bu yno am 38 mlynedd tan ei
farwolaeth ym 1992. O safbwynt yr offeiriaid seciwlar, y
mae'n bosibl hefyd fod cysylltiadau Iwerddon wedi gweithio
yn erbyn y mudiad Cymraeg o fewn yr Eglwys oherwydd yr
awgrym fod mudiad yn bodoli yn archesgobaeth Caerdydd
yn y pumdegau a oedd yn elyniaethus at glerigwyr Cymraeg.
Ymddengys nad anogid y 'bechgyn o Gymry' i fynd yn
offeiriaid. Y farn gyffredin oedd ei bod hi'n well cael
offeiriaid o Iwerddon, sefyllfa eironig o ystyried bod Lloegr
wedi dilyn llwybr cwbl groes i hynny ar droad y ganrif.

Felly, nid oedd gan fwyafrif yr offeiriaid Gwyddelig a
symudodd i Gymru fawr o ddiddordeb yn yr iaith na'r
diwylliant Cymraeg. Ac eto, yr oedd hyd yn oed y lleiafrif
sylweddol hynny a fagodd ymwybyddiaeth Gymraeg yn
gorfod wynebu sefyllfa gwbl anobeithiol yn eu plwyfi.
Coleddai eu plwyfolion safbwynt Eingl-Wyddelig a gwnaent
bopeth o fewn eu gallu i rwystro defnydd o'r Gymraeg yn eu
heglwysi. Yr oedd yn parhau'n wir fod mwyafrif y
Pabyddion yn dangos agwedd sinigaidd at yr iaith Gymraeg
a hefyd at fudiadau o fewn yr Eglwys a oedd o blaid
adfywio'r diwylliant Cymraeg. Yn y *Menevia Record* ym
1963 cyfeiriodd H. W. J. Edwards at y sefyllfa hon fel rhan
o'r elyniaeth draddodiadol rhwng y Cymry a'r Gwyddelod. I
ba raddau, tybed, yr oedd ei eiriau angerddol yn mynegi
profiad yr holl offeiriaid Gwyddelig Pabyddol hynny a
lwyddodd i groesi ffiniau diwylliannol? 'O'm rhan i, mae'r
cysylltiad agos rhwng Cymru ac Iwerddon i'w weld yn

amlwg iawn ym mis Mawrth pan fyddaf yn cofio'r Gwyddel clodfawr hwnnw, Dewi Sant, a'r Cymro clodfawr hwnnw, Padrig Sant.'

DARLLEN PELLACH

Donald Attwater, *The Catholic Church in Modern Wales: A Record of the Past Century* (Llundain, 1935).

Terence Brown, *Ireland: A Social and Cultural History 1922–1985* (Llundain, 1990).

Patrick Corish (gol.), *A History of Irish Catholicism Volume 6* (Dulyn, 1968).

John R. Guy a W. G. Neely (goln.), *Continuity and Conversion: Studies in Irish and Welsh Church History* (Y Trallwng, 1999).

Adrian Hastings (gol.), *The Church and the Nations* (Llundain, 1959).

Trystan Owain Hughes, *Winds of Change: The Roman Catholic Church and Society in Wales 1916–62* (Caerdydd, 1999).

John Archer Jackson, *The Irish in Britain* (Llundain, 1963).

Alan McClelland a Michael Hodgetts (goln.), *From Without the Flaminian Gate: 150 Years of Roman Catholicism in England and Wales 1850–2000* (Llundain, 1999).

Densil Morgan, *Span of the Cross: Christian Religion and Society in Wales 1914–2000* (Caerdydd, 1999).

Paul O'Leary, *Immigration and Integration: The Irish in Wales, 1798–1922* (Caerdydd, 2000).